Ellen Würtenberger (Hrsg.)
Meine liebsten Ponygeschichten

Ellen Würtenberger (Hrsg.)

Meine liebsten Ponygeschichten

Mit Bildern von
Ana Maria Weller

Ravensburger Buchverlag

Die Deutsche Bibliothek – CIP-Einheitsaufnahme

Ein Titeldatensatz für diese Publikation ist bei
Der Deutschen Bibliothek erhältlich

Die Schreibweise entspricht den Regeln
der neuen Rechtschreibung.

3 2 1   02 03 04

© 2002 Ravensburger Buchverlag Otto Maier GmbH
Quellenverzeichnis: siehe S. 105
Umschlag: Ana Maria Weller
Redaktion: Sabine Schuler
Printed in Germany
ISBN 3-473-34401-X

www.ravensburger.de

Inhalt

Manfred Eichhorn

Niko, der Ponypfleger

Anna muss noch Schularbeiten machen. Julia soll mit ihrer
Mutter zum Einkaufen in die Stadt fahren. Und auf Andrea
wartet im Wartezimmer eine Siamkatze, die Schnupfen hat.
Wer soll sich da um die Ponys kümmern?
„Ich", ruft Niko.
„Du?", fragt Andrea verwundert.
Anna kichert: „Ein Kindergartenkind und Ponys versorgen?"
„Ich hab ja schon oft zugeschaut, wie das geht", sagt Niko.
„Aber sich ganz allein um die Ponys kümmern, das ist zu
schwierig für ein Kindergartenkind", beharrt Anna.
„Das werden wir ja sehen", sagt Niko trotzig.
„Also gut, wenn die Mädchen schon keine Zeit haben,
muss eben Niko ran", beendet Andrea die Auseinander-
setzung.
„Niko als Ponypfleger", prusten Anna und Julia los und boxen
sich dabei vor Vergnügen gegenseitig in die Rippen.
„Ihr werdet schon sehen", sagt Niko noch einmal.
Da rennen die Mädchen davon und lassen Niko im Stall
zurück.
Im selben Augenblick klingelt es bei Andrea an der Tür.
Es ist Frau Schwarz mit ihrem Papagei. Sie ist immer so
ungeduldig.
„Ich schneide die Karotten solange", sagt Niko stolz.

„Und Äpfel! Aber für Max müssen es ganz kleine Stücke sein, sonst erstickt er daran", sagt Andrea und hastet eilig in die Praxis.

„Ich weiß", sagt Niko stolz.

Niko nimmt das Messer, das auf dem Tisch liegt, und stellt den Korb mit den Karotten neben sich. Dann schneidet er los. Alles in winzige Stücke, wie Andrea gesagt hat.

Er schneidet und schneidet, bis beide Schüsseln bis oben hin voll sind. Mit den Äpfeln macht er es ebenso.

„Um Himmels willen", ruft Andrea, als sie in den Stall zurückkommt, „doch nicht so viel! Das reicht ja für eine ganze Ponyherde!"

„Für morgen auch", sagt Niko.

Andrea lacht: „Karotten und Äpfel müssen doch immer frisch zerkleinert werden!"

„Das wusste ich nicht", sagt Niko leise.

„Macht nichts", tröstet ihn Andrea und lächelt ihn an, „bis morgen werden sie schon frisch bleiben, wenn wir sie richtig verpacken."

Sie stellt einen Teil der Karotten und Äpfel beiseite, den anderen teilt sie gerecht auf und mengt noch zerdrücktes Knäckebrot darunter.

„Jetzt darfst du ihnen ihr Futter geben", sagt Andrea und reicht Niko die beiden Schüsseln.

Beide Ponys wiehern vor Freude und machen sich schnell über die Schüsseln her, die Niko ihnen in die Box gebracht hat.

Kaum hat Niko den Ponys den Rücken gekehrt, sind die Schüsseln schon leer.

„Jetzt kannst du Max etwas spazieren führen", schlägt Andrea
vor. „Aber nur bis zu den Apfelbäumen!"
Andrea legt Max den Führzügel an, so heißt der Strick,
den sie am Halfter festmacht, und führt ihn nach draußen.
Erst müssen sie die Straße überqueren. Dann zeigt Andrea,
wie man ein Pony führt.
„Geh immer neben seiner Schulter. So ist es am besten."
Sie gibt Niko jetzt den Strick und sagt: „Also los, ihr beiden."
Sie gehen den Feldweg, der zu den Apfelbäumen führt.
Es dauert kaum eine Viertelstunde, da sind sie schon an der
frisch gemähten Apfelbaumwiese.

Bereitwillig lässt sich Max von Niko führen. Max darf auch etwas Gras fressen. Nur nicht zu viel. Das tut seinen Hufen nicht gut. Shetlandponys kommen aus einer kargen Gegend. Dort wächst kaum Gras. Und weil sie dort genügsam sein müssen, würde ihnen das fette Gras, das hier wächst, schaden.

„Jetzt kehren wir wieder um", sagt Niko und will Max nach Hause führen.

Doch was ist das?

Max rührt sich keinen Zentimeter vom Fleck.

So sehr Niko auch am Strick zieht, Max bleibt stehen und frisst.

Jetzt geht Max sogar in die andere Richtung, ins hohe Gras.

Und Niko kann ihn nicht halten.

Da kommt Andrea und holt die beiden nach Hause.

„Es ist nicht deine Schuld", sagt Andrea, „Max kann ein richtiger Sturkopf sein!"

Im Stall kratzt Andrea Max die Hufe aus, dazu ist Niko noch zu klein. Aber er schaut aufmerksam zu, wie Andrea das macht.

Erst spricht sie Max ruhig an, dann lässt sie ihre Hand am Bein des Ponys hinuntergleiten, hebt den Fuß an und entfernt mit dem Hufkratzer den Dreck, der sich dort festgesetzt hat.

„Saubere Hufe sind wichtig. Vor allem dürfen sich keine Steine darunter festsetzen, die können Max nämlich sehr wehtun", sagt Andrea. „Außerdem muss man aufpassen, dass dabei die empfindlichste Stelle am Huf nicht verletzt wird."

Als sie alle vier Hufe ausgekratzt hat, legt sie den Hufkratzer zur Seite und holt die Schmutzbürste.

„Du hast ja schon oft zugeschaut, wie man ein Pony putzt", sagt Andrea.

„Ja", nickt Niko.

„Zuerst musst du den groben Schmutz mit der Schmutzbürste ausbürsten. Mit den harten Bürsten bringst du sogar die Krusten heraus. Siehst du?" Sie zeigt Niko, wie man das macht. „Bürste mit kurzen, kräftigen Strichen", sagt sie. „Danach wird das Pferd gestriegelt. Zum Striegeln nimmt man die Kardätsche, so heißt die feinere Bürste. Zuletzt werden mit einem feuchten Schwamm Augen und Nüstern sorgfältig ausgewischt."

Andrea reicht Niko das Putzzeug. Niko macht sich gleich ans Werk. Er bürstet und striegelt und striegelt und bürstet, bis beide Ponys blitzblank geputzt sind.

Nach einer Stunde kommt Andrea zurück.

„Das hast du gut gemacht", lobt sie Niko.

Auch Julia und Anna kommen jetzt in den Stall und bestaunen Nikos Werk.

„So sauber waren unsere Ponys noch nie", lobt ihn Andrea noch einmal. „Du bist ein prima Ponypfleger."

Anna und Julia schauen sich verlegen an.

Niko strahlt übers ganze Gesicht.

Dann sagt er: „Und morgen reite ich ganz alleine aus!"

Margret Rettich

Das verlaufene Pony

„Der Nächste bitte", sagt Doktor Schimmel.
Fräulein Maus hat in ihrem Notizbuch nachgesehen und sagt:
„Ein verlaufenes Pony."
„Dann hat es eigentlich keine Krankheit, sondern Pech gehabt
und braucht einen Detektiv", meint Doktor Schimmel.
Trotzdem sieht er sich das Pony an. Es ist noch ganz klein
und schüchtern.
Doktor Schimmel fragt: „Wo hast du dich denn verlaufen?"
„Weiß nicht", flüstert das kleine Pony, „es war ja noch ganz
dunkel."
Doktor Schimmel überlegt und sagt dann: „Wir werden uns bei
der Polizei erkundigen, ob irgendwo ein Pony vermisst wird."
Die Polizei sagt, dass in der Tat ein Pony vermisst wird.
Ein kleines rabenschwarzes Pony.
„Schade, es ist ein anderes", sagt Doktor Schimmel.
Dieses kleine Pony, das sich verlaufen hat, ist nämlich nicht
rabenschwarz, sondern mausgrau. Es lässt den Kopf hängen.
Langsam laufen ihm die Tränenbäche an der Nase hinunter.
„Moment mal, ich entdecke da etwas!", ruft Doktor Schimmel.
Fräulein Maus guckt sich nach allen Seiten um und sagt:
„Ich entdecke nichts."
„Sehen Sie sich das kleine Pony mal genau an", sagt Doktor
Schimmel.

Das tut Fräulein Maus. Nun sieht auch sie, was Doktor
Schimmel entdeckt hat. Dort, wo dem Pony die Tränen
hinuntergelaufen sind, hat es zwei nasse schwarze Streifen.
„Es ist gar nicht grau, es ist nur sehr staubig", sagt Doktor
Schimmel und fragt: „Wo bist du entlanggelaufen?"
„Auf der Landstraße", antwortet das Pony. „Wenn mich Autos
überholt haben, musste ich husten, so staubig war es dort."
„Der Fall ist geklärt", ruft Doktor Schimmel.
Er nimmt einen Gartenschlauch und duscht das Pony ab.
Doch wenn er geglaubt hat, dass nun das vermisste raben-
schwarze Pony vor ihm steht, dann hat er sich geirrt.
Vor ihm steht ein kleines gestreiftes Pony.
„Es ist ja ein Zebra!", ruft Fräulein Maus und staunt.
Doktor Schimmel sagt: „Wenn es ein Zebra ist, gehört es
in den Zoo. Wir werden es sofort hinbringen."
Leider wird im Zoo kein kleines verlaufenes Zebra vermisst.
Unverrichteter Dinge müssen Doktor Schimmel und Fräulein
Maus mit ihm wieder abziehen.
„Vielleicht stammt es aus dem Zirkus", sagt Fräulein Maus.
Doch auch im Zirkus haben sie kein Glück. Auch dort ist kein
Zebra abhanden gekommen. Nun wissen Doktor Schimmel
und Fräulein Maus mit dem kleinen Zebrapony nicht mehr,
wohin.
Sie setzen sich zu dritt nebeneinander auf eine Bank im Park
und sind ratlos.
Nach einer Weile meint Doktor Schimmel. „Es gibt nur noch
einen Ausweg. Wir werden das Pony im Fundbüro abliefern."
Er steht auf und will gehen. Da ruft Fräulein Maus: „Doktor,
Sie sind ja auch ein Zebra geworden!"

Doktor Schimmel guckt an sich hinunter. Dann guckt er die
Bank an und sagt: „Kein Wunder, die Bank ist frisch gestrichen.
Sie, Fräulein Maus, haben sogar ein geringeltes Schwänzchen!"
Plötzlich ruft er: „Mir geht ein Licht auf!" Er fragt das kleine
Pony: „Warst du schon mal hier?"
Das gestreifte Pony nickt und antwortet: „Nachdem ich mich
verlaufen hatte, habe ich hier gewartet, bis es hell wurde."
Da duscht Doktor Schimmel das kleine Pony, Fräulein Maus
und sich sorgfältig mit dem Gartenschlauch ab, bis alle
Farbreste heruntergewaschen sind.
Tatsächlich ist das Pony jetzt rabenschwarz.
Doktor Schimmel bringt es zur Polizei.

Die Polizei bringt es nach Hause.
Und Fräulein Maus sagt zu Doktor Schimmel: „Doktor,
Sie sind nicht nur ein guter Tierarzt, Sie sind auch noch ein
guter Tierdetektiv!"

Angelika Kutsch

Billi möchte gern Pferde streicheln

„Sind wir bald da?", fragt Billi.

„Noch nicht, Liebling", sagt Mama.

Billi kann es nicht leiden, dieses „noch nicht". Das sagen die Erwachsenen oft, wenn sie keine richtige Antwort wissen.

Mit dem Urlaub war es genauso.

„Dieses Jahr fahren wir auf einen Pferdehof", hat Papa eines Tages verkündet, und Billi hat einen Luftsprung gemacht vor Freude. Pferde sind ihre Lieblingstiere.

„Wann fahren wir?", hat sie sofort gefragt.

„Noch nicht …"

Das ist so weit weg gewesen! Aber mit der Zeit ist es näher gerückt.

Als Billi das nächste Mal fragte, hieß es „in einem Monat", dann „in drei Wochen", „in vier Tagen", „noch zweimal schlafen".

Und schließlich sagte Papa: „Morgen ist es so weit."

Heute Morgen haben sie die Koffer und die Kühltasche mit den Butterbroten für die Reise ins Auto gepackt und sind ganz früh losgefahren.

Aber wie lange sind sie nun schon unterwegs! Die Butterbrote sind aufgegessen, der Saft ist ausgetrunken. Und wieso wissen Mama und Papa nicht, wann sie da sind? Sie haben die Zeit bestimmt, wann sie abfahren. Sie haben doch ganz genau

16

ausgerechnet, wie viele Kilometer es bis zum Pferdehof sind.
Sie müssten es wirklich wissen!

Mama hat eine Straßenkarte auf dem Schoß und sagt Papa,
wie er fahren soll, rechts, links, geradeaus.

„Jetzt", sagt Mama, „jetzt müssen wir gleich da sein!"
Sie ist ganz aufgeregt.

„Tatsächlich!", ruft Papa. „Dort, schaut mal!" Er zeigt auf ein
Pferd am Straßenrand.

„Das ist ja nur aus Holz", sagt Billi.

Papa pfeift und biegt in den baumbestandenen Weg ein, auf den
das Holzpferd zeigt.

Und bald darauf hält das Auto auf einem großen Platz.

Er ist von niedrigen Häusern umgeben.

Papa hilft Billi beim Aussteigen.

Dann breitet er die Arme aus und sagt: „Willkommen auf dem
Pferdehof!"

Billi schaut sich um. „Ich seh keine Pferde, bloß Autos und
blöde Häuser."

Sie schnuppert. „Es riecht nicht mal nach Pferd."

„Es ist eben ein besonders feiner Pferdehof", sagt Papa.
„Da stinkt es nicht."

17

Er holt die Koffer aus dem Auto.

„Ich will zu den Pferden", sagt Billi.

„Noch nicht, Kind", sagt Mama. „Erst müssen wir uns anmelden." Sie geht auf eine große, blinkende Glastür zu.

„Hier ist es ja wie in einem Hotel", sagt Billi enttäuscht, als sie in die Halle kommen.

Billi weiß, wie es in einem Hotel ist. Letztes Jahr ist sie mit Mama und Papa in einem Hotel am Mittelmeer gewesen.

„Lauter fremde Menschen!"

Papa lacht. „Ja, hast du gedacht, in der Halle steht ein Pferd? Da, schau dir solange die Pferdebilder an der Wand an, bis wir alles erledigt haben."

Pferdebilder hat Billi genug zu Hause in ihrem eigenen Zimmer. Sie will endlich richtige Pferde sehen und riechen. Aber das dauert!

Erst müssen sie ihr Zimmer suchen. Dann müssen sie die Koffer auspacken.

Ihr Zimmer ist jedenfalls schön. Eine ganze Wand besteht nur aus Fenster. Und durch das Fenster schaut man auf eine riesige Weide. Und dort sind Pferde. Echte. Endlich!

„Da gehen wir hin", sagt Billi.

„Noch nicht. Erst mal Hände waschen", sagt Mama.

„Und dann müssen wir was essen", sagt Papa. „Ich fall gleich um vor Hunger."

Jetzt wird Billi langsam wütend. So lange hat sie sich auf die Pferde gefreut. Nun sind sie zum Anfassen nah – und immer noch soll sie warten!

„Ihr müsst immer bloß!", schreit Billi. „Immer denkt ihr ans Müssen."

„Richtig", sagt Papa lachend. „Müssen muss ich außerdem. Und du gehst auch erst mal zum Klo."

„Ich will aber nicht!"

„Sibylle!", sagt Mama streng.

Jetzt wird es ernst. Billi kennt das. Erst ist sie Liebling, dann Billi, dann Kind und dann Sibylle.

Sie ist still. Sie geht zum Klo. Sie wäscht sich die Hände. Ordentlich.

Sie geht mit Mama und Papa lange Flure entlang zum Speisesaal. Durch die Fenster dort sieht man mehr Pferde. Jetzt sind sie noch näher.

Weil es ihr erster Ferientag ist, darf Billi ganz allein bestimmen, was sie essen will.

„Nur Pommes", sagt sie, „kein Fleisch, keinen Salat. Pommes mit ganz viel Ketchup."

Aber heute schmeckt ihr nicht mal das. Sie will nur hinaus zu den Pferden. So viele Pferde!

Links hinterm Zaun grasen eine Menge großer Pferde, ganz ruhig. Zwischen ihnen springen Fohlen herum. Rechts liegen die Ställe. Auf dem Platz davor laufen Leute hin und her, Erwachsene und Kinder.

Und da steht eine altmodische schwarze Kutsche. So eine hat Billi schon mal im Fernsehen gesehen. Ein Mann spannt gerade zwei Pferde vor die Kutsche. Daneben steht ein kleiner zweirädriger Karren mit einer Deichsel.

Ein großes Mädchen in Reitstiefeln und mit einer Kappe auf dem Kopf kommt aus dem Stall. Sie führt ein Pony am Halfter. Ganz ruhig tut sie das.

‚So wie die möchte ich auch mal werden', denkt Billi.

Sie rutscht aufgeregt auf ihrem Stuhl herum. „Guckt mal, da, nun guckt bloß mal!", ruft sie.

Mama und Papa lachen und sagen „ja, ja". Aber sie gucken gar nicht richtig. Sie essen und stoßen mit ihren Gläsern auf den ersten Ferientag an. Und hinterher müssen sie bestimmt noch Kaffee trinken. Das dauert!

„Wie schön, du hast deinen Teller leer gegessen", sagt Mama. „Jetzt gibt es noch ein Eis."

„Ich möchte lieber zu den Pferden!"

„Lass sie", sagt Papa. „Dann essen wir das Eis."

„Du hast Nerven", sagt Mama. „Billi kennt Pferde nur vom Fernsehen und von Bildern. Und wenn ihr was passiert?"

„Ihr passiert schon nichts", sagt Papa. „Da sind doch genug Leute und die Tiere sehen alle lammfromm aus."

Mama guckt aus dem Fenster. Lange. „Ich weiß nicht …"

„Aber ich weiß!", sagt Papa.

Zu Billi sagt er: „Geh nur, wir schauen dir von hier aus zu."

„JUHU!" Billi macht einen Hopser und rennt los.

Wie gut das draußen riecht! Nach Pferden und nach Gras.

Die alte Kutsche setzt sich gerade mit knarrenden Rädern in Bewegung. „Hü!", hat der Kutscher gesagt und ein bisschen mit der Peitsche geknallt, aber so, dass er die Pferde nicht berührt.

Billi hat es genau gesehen und sie ist sehr zufrieden. Der kleine Karren steht noch da. Jetzt ist das Pony davor gespannt.

Ganz allein steht es da und schlägt mit dem Schwanz nach den Fliegen.

Billi geht langsam näher. „Hallo, Pony", sagt sie.

Das Pony dreht sich nicht mal um. Es zuckt nur mit den

Ohren. Wie ein Lamm sieht es jedenfalls nicht aus. Klar, ist ja auch ein Pferd. Papa weiß eben nichts von Pferden. Und fromm? Still steht es jedenfalls. Also ist es lieb.

Mal sehen, ob sie es schafft, allein in den Karren zu klettern. Die Räder mit ihren starken Speichen sind sehr praktisch. Sie sind wie eine Treppe. Ein Schritt und noch einer, hoch das Bein und – schwupp – ist Billi im Karren.

Da liegen die Zügel. So was hat Billi noch nie in der Hand gehabt. Sie zieht ein bisschen daran, wirklich nur ein bisschen. „Hü!", sagt sie wie der Kutscher, aber ganz leise, denn es soll ja nur ein Spiel sein. Doch das brave Pony trabt los.

„He, noch nicht! So war das nicht gemeint!", ruft Billi. „Halt an!"

Sie zieht und zerrt an den Zügeln. Das hätte sie wohl nicht tun sollen. Das Pony wird schneller. Der Karren schaukelt und Billi fällt um. Hilflos rollt sie zwischen den Karrenwänden

hin und her. Es gibt nichts, woran sie sich festhalten könnte.
Wie wild geworden jagt das Pony über Stock und Stein,
genau wie es in dem Lied heißt.

„Nein, nein! Nicht!", jammert Billi. „Mama, Papa, helft mir
doch!"

Und von weit entfernt hört sie plötzlich Mamas und Papas
Stimmen: „Sibylle, Billi, Kind, Liebling! Haltet das Pferd!"

„Mama, Papa …"

Billi kann nur noch flüstern. Sie ist ganz schwach. Hinter ihr
rufen und schreien nicht nur Mama und Papa. Viele Leute
rufen aufgeregt durcheinander.

Da hört sie Pferdegetrappel hinter sich. Es kommt schnell

näher. Und plötzlich taucht neben dem Karren das große Mädchen mit der Kappe auf. Es reitet auf einem Pony.

„Keine Angst, ich komme zu dir!", ruft das Mädchen. Und im nächsten Augenblick hebt es sich im Sattel hoch, springt und ist bei Billi im Karren. Das Pony, auf dem es geritten ist, wird langsamer und bleibt zurück.

Das Mädchen greift die Zügel und schnalzt mit der Zunge und gibt beruhigende Laute von sich. Noch immer holpert und tanzt der Karren über die Steine und Bodenwellen. Aber er wird langsamer. Jetzt fahren sie eine Kurve, und als Billi vorsichtig den Kopf über die Seitenwand reckt, sieht sie, dass sie auf den Pferdehof zurollen!

Da sind die Ställe, da ist das Hotel. Da stehen eine Menge fremder Leute. Und da sind Mama und Papa! Sie halten sich eng umschlungen und gucken, als ob was ganz Schreckliches passiert wäre.

Billi reckt sich ein bisschen höher und winkt. Aber die Knie zittern ihr immer noch.

Das Mädchen macht „brrr!" und zieht am Zügel. Pony und Karren kommen genau vor Mama und Papa zum Stehen.

Die beiden stürzen heran und heben Billi heraus.

„Ihre Tochter ist wohl neu hier?", fragt das Mädchen.

„Wir sind gerade erst angekommen", sagt Mama und drückt Billi an sich.

„Dann versteht sie natürlich noch nichts von Pferden", sagt das Mädchen.

„Noch nicht", sagt Mama lachend.

„Aber bald!", ruft Billi aus Mamas Arm. „Die Ferien fangen ja erst an."

Antonia Glickstein

Nikolaus im Pferdestall

Jedes Jahr wird am Abend vor Nikolaus auf dem Ponyhof gefeiert. Dieses Jahr sind Ann-Katrin und Sina zum ersten Mal dabei. Während die größeren Kinder mit allen Ponys vom Hof einen Ausritt machen, helfen die beiden Mädchen den anderen, den Stall zu schmücken und alles vorzubereiten.
Zuerst gehen sie in den Wald und holen Tannenreisig.
„Dürfen wir das denn überhaupt?", will Ann-Katrin wissen und rutscht vor Eifer beinahe in einer Schlammpfütze aus.
Der Dezember zeigt sich nämlich alles andere als weihnachtlich. Statt Schnee gibt es jede Menge Regen, und Kinder und Ponys würde man nach jedem Ausritt am liebsten gleich zusammen in die Waschmaschine stecken, so schlammig sind sie.
„Klar", erwidert Sabrina, die schon seit vielen Jahren zum Ponyhof kommt und nun sogar für ein Jahr fest hier arbeitet, „wir rufen vorher immer beim Förster an und der sagt uns dann, wo wir es holen dürfen."
Wieder am Stall angekommen, schmücken sie ihn festlich: In allen Ecken und an den Türen wird Reisig mit roten Bändern befestigt, und in der Stallgasse stellen sie einige Tische und Bänke auf. Darauf kommen Äpfel, Mandarinen, Nüsse, Plätzchen und Christstollen und natürlich auch Karotten für die Pferde. Sogar Kerzenlicht gibt es ausnahmsweise. Sonst ist offenes Feuer im Stall nämlich streng verboten.

„Hier habt ihr große Marmeladengläser", meint Sabrina
und verteilt sie gleich auf den Tischen. „Da stellen wir jetzt
Teelichte rein, dann kann eigentlich nichts passieren."
Gerade, als sie die Kerzen anzünden wollen, kommen die
Reiter zurück und bringen einen ganzen Schwall Kälte
und Nässe mit. Draußen stürmt es inzwischen richtig
und Kevin berichtet, dass sie einige umgestürzte Bäume im
Wald entdeckt haben.
„Richtig gefährlich sah das aus, beinahe wären uns die Ponys
durchgegangen", meint er wichtigtuerisch.
„Ja, ja, vor allem die Mara", spottet Sina. „Das wäre nun
wirklich das allererste Mal." Denn Mara, die Kevin heute
geritten hat, ist eine ältere gemütliche Ponydame, die man nur
mit sehr viel Willenskraft und Arbeit überhaupt in die Gänge
bekommt.
Doch jetzt ist keine Zeit zum Streiten. Sobald die Ponys
versorgt sind, setzen sich alle um die Tische und es gibt Tee
und Kakao.
Da klopft es auch schon laut an die Stalltür. Sabrina springt
auf und öffnet das Tor.
„Das ist bestimmt der Nikolaus!", ruft sie im Gehen.
Und richtig, da kommt er schon. Mit roter Mütze und weißem
Bart, einem großen Sack und – Knecht Ruprecht ist auch
dabei. Im Stall wird es plötzlich ganz ruhig und alle starren
gespannt auf den Nikolaus.
„Bin ich hier richtig auf dem Ponyhof?", brummt der Niko-
laus.
„Ja", brüllen alle Kinder laut.
„Und gibt es hier eine – Moment …", umständlich kramt der

Nikolaus einen Zettel aus der Tasche, dreht und wendet ihn hin und her, „gibt es hier eine Sabrina?"

Lachend steht Sabrina auf. „Zur Stelle", meint sie vergnügt.

„Was muss ich da hören? Meine Helfer haben mir zugetragen, dass du einen kleinen Reitschüler namens Sven mit den Worten ‚Das geschieht dir ganz recht' schlammbedeckt wieder auf sein Pony gesetzt hast, nachdem er beim Galoppieren heruntergefallen ist?"

Sabrina wird feuerrot. „Ja, schon", meint sie zögernd. „Aber nur, weil er vorher laut gelacht hat, als ein anderes Kind sich nicht getraute, mit Mohrchen zu galoppieren."

„Nun gut, nun gut, in Anbetracht dessen, dass ich sonst fast

nur Gutes über dich gehört habe, will ich mal Gnade vor Recht ergehen lassen. Ich habe dir etwas mitgebracht."

Lange wühlt er in seinem Sack und fördert schließlich einen Schokoladennikolaus zu Tage.

So geht er nun alle Kinder und alle Erwachsenen nacheinander durch und alle bekommen etwas. Manche müssen sich einige Ermahnungen anhören, doch im Großen und Ganzen scheint er sehr zufrieden zu sein. Dann werden der Nikolaus und Knecht Ruprecht noch mit heißem Tee und Keksen bewirtet, bevor sie sich wieder auf den Weg machen.

Bald ist es auch für die anderen an der Zeit aufzubrechen. Draußen ist es inzwischen dunkel geworden und einige Eltern sind gekommen, um ihre Kinder abzuholen. Sina und Ann-Katrin müssen sich beeilen, damit sie ihren Bus noch erwischen. Schnell wird noch aufgeräumt, bevor sie sich von den Ponys verabschieden und nach Hause gehen.

Und wer weiß, vielleicht kommt der Nikolaus heute Nacht ja noch einmal und bringt auch jedem Pony etwas mit.

Marliese Arold

Eine Freundin für Flocke

Dina hat ein Pony bekommen. Es heißt Flocke. Flocke ist sehr hübsch.
Dina pflegt sie gut. Sie füttert Flocke, striegelt sie und mistet den Stall aus. Das Pony darf auch oft auf die Weide.
Manchmal steht Flocke traurig da und lässt den Kopf hängen. Dina macht sich Sorgen. „Ob Flocke krank ist?"

„Vielleicht ist sie einsam", antwortet Papa. „Ponys sind nicht gern allein."

Dina überlegt. „Dann kaufen wir eben noch ein Pony."

„Das geht nicht", sagt Papa. „Du weißt ja, wie viel Flocke kostet. Das Futter jeden Monat und manchmal muss der Tierarzt kommen."

Dina nickt. Zwei Ponys sind zu teuer. Aber was kann Dina tun? Flocke soll doch nicht traurig sein!

Da hat Papa eine Idee. Er verrät nichts. Abends telefoniert er. Als Dina am nächsten Tag aus der Schule kommt, rennt sie gleich zur Weide. Flocke ist nicht mehr allein. Wer steht da neben ihr?

„Das ist Inge", sagt Papa.

„Das ist ja eine Ziege!", ruft Dina erstaunt.

Können Ponys und Ziegen Freunde werden? Flocke und Inge stehen dicht beieinander. Heute sieht Flocke fröhlich aus.

Inge meckert laut. Dina gibt beiden eine Hand voll Gras.

„Na?", fragt Papa. „Was meinst du?"

Dina hat ein ganz warmes Gefühl im Bauch.

„Ich glaube, die mögen sich."

Antonia Glickstein

Schlaues Paulchen

Paulchen ist ein kleines braunes Pony. Nicht zu groß und nicht zu klein. Genau richtig eben. Paulchen lebt an der Nordsee. In einem Reitstall. Dort gibt es noch viele andere Pferde. Paulchen teilt seinen Stall mit drei anderen Ponys. Sie heißen Trine, Polly und Josef.

Im Winter hat Paulchen es sehr gut. Da darf er fast den ganzen Tag auf die Weide. Hin und wieder kommen die Kinder vom Dorf und putzen und reiten ihn, aber im Großen und Ganzen hat er seine Ruhe.

Den Sommer über ist das ganz anders. Da kommen viele Touristen in den Reitstall und Paulchen wird stundenweise verliehen. Genau wie seine Kollegen Trine, Polly und Josef. Manchmal gehen sie mit den anderen Pferden zusammen auf einen Ausritt mit. Das ist eigentlich gar nicht so schlecht. Wenn man da bloß nicht so schnell laufen müsste, findet Paulchen. Er würde viel lieber hin und wieder Rast machen, etwas Gras naschen oder sich einfach die herrliche Landschaft ansehen. Wozu lebt man schließlich am Meer, wo jedes Jahr viele Leute von überallher hinkommen, weil es hier so schön ist.

Meistens aber muss Paulchen auf geführte Spaziergänge mit. Da kommen dann Erwachsene mit einem oder mehreren Kindern und leihen sich Paulchen aus. So richtig schlimm ist das nicht. Paulchen kennt seine Runde und es wird eigentlich nichts weiter verlangt, als dass er ziemlich leichte Kinder im gemütlichen Schritt durch die Gegend schaukelt.

Doch Paulchen hat seinen eigenen Kopf. Deshalb stellt er seine Führer erst einmal auf die Probe. Kaum sind sie außer Sicht des Reitstalls, bleibt Paulchen abrupt stehen, reißt den Erwachsenen die Zügel aus der Hand und beginnt zu grasen. Mit etwas Glück kann er so seine Runde gewaltig abkürzen. Kommt überhaupt kein Widerstand, so bleibt er einfach stehen und haut sich eine Stunde lang den Bauch voll. Das finden die Leute, die ihn ausgeliehen haben, meistens überhaupt nicht lustig und beschweren sich hinterher bei seinem Besitzer.

Der seufzt nur, gibt den armen Menschen die Hälfte des ausgemachten Preises zurück und wirft Paulchen einen vorwurfsvollen Blick zu.

Doch es gibt auch andere, die sich nicht so schnell von Paulchen einschüchtern lassen. Die ziehen dann energisch am Zügel und geben ihm einen Klaps auf seinen Ponypopo. Etwas beleidigt rappelt sich Paulchen wieder auf und läuft brav seine Runde. Pech gehabt.

Dann gibt es noch die Kinder, die meinen, schon richtig gut reiten zu können. Die finden meistens auch, dass so ein kleines Pony total albern ist, und führen sich ganz schrecklich auf. Wie wild zerren sie an Paulchens Zügeln, und er ist mal wieder froh, dass sein Besitzer so vorsichtig ist, ihm für solche Spaziergänge kein Gebiss einzuschnallen. Und dann boxen sie mit den Fersen wie wild in Paulchens Bauch.

„Schneller, schneller, nicht so lahm", ruft der Junge, den er heute durch die Gegend tragen soll. Er scheint ein besonders

gemeines Exemplar zu sein. Und schwer ist er außerdem noch.
Auf der Hälfte der Strecke hat Paulchen die Faxen dicke.
Gemütlich und ohne Eile lässt er sich zu Boden sinken.
Ganz langsam legt er sich hin. Der kleine dicke Junge ist völlig
verblüfft und sitzt wie versteinert auf dem liegenden Pony.
Und da er wohl immer noch nicht verstanden hat, dass er auf
Paulchen nicht erwünscht ist, beginnt Paulchen sich zu wälzen.
Mit einem entsetzten Satz springt der Junge zur Seite und fängt
an zu heulen.
Paulchen ist sehr zufrieden mit sich. Der Junge weigert sich,
noch mal auf das Pony zu klettern, und Paulchen hat einen
gemütlichen Nachhauseweg.

Daheim erwartet ihn ein schreckliches Donnerwetter. Als sein
Besitzer von der Geschichte erfährt, ist er ziemlich entsetzt.
„So etwas hast du ja noch nie fertig gebracht, Paulchen!
Das ist der Gipfel! Was sollen denn die Leute denken, wenn
ich ihnen so freche Ponys mitgebe. Schließlich müssen wir ja
von ihnen leben!"
Doch als sich der erste Zorn gelegt hat, wird Paulchens
Besitzer wieder etwas netter.
„Vielleicht haben wir Paulchen in letzter Zeit ein bisschen zu
oft mit kleinen Kindern losgeschickt. Wahrscheinlich ist ihm
das einfach zu langweilig", meint er zu seiner Frau. „Vielleicht
müssen wir für etwas Abwechslung sorgen. Nächste Woche
soll er mal zusammen mit Polly vor dem Wagen gehen.
Da muss er wenigstens nur ziehen und niemanden durch die
Gegend tragen."
„Recht hast du", meint seine Frau. „Ein bisschen Abwechslung
schadet unserem schlauen Paulchen bestimmt nicht!"

Käthe Recheis

Sinopah und das Pony

Das weiße scheckige Indianerpony weidete auf der Waldwiese. Der Wind strich über das Gras, es sah aus, als liefen kleine Schatten über die Halme und Blüten. Schatten oder kleine Tiere? Kleine seltsame Tiere?

Soyi sagte immer: „Es sind die Wolkentiere. Man darf nicht näher gehen. Man darf nicht nach ihnen greifen, sonst sind sie fort. Man darf ihnen nur zusehen."

Das scheckige Pony stand mitten unter den Wolkentieren, senkte den Kopf und tauchte die Nüstern ins Gras.

Sinopah wusste, es war das Pony, auf das er immer gewartet hatte. Er hatte von ihm geträumt, wie oft hatte er von ihm geträumt!

Abends im Zelt seiner Eltern, wenn das Feuer unter dem Kessel brannte und die Mutter das Essen austeilte, hatte er das Pony gesehen. Plötzlich war es durch die Zeltwände gesprungen.

Mein Pony ist da, dachte er dann, aber niemand sieht es. Nur ich kann es sehen.

Und lief Sinopah über die Wiesen, so lief das Pony neben ihm, lag er auf einem Hügel, so kam es zu ihm. Sah er auf die Wolken am Himmel, so trabte es dort oben.

Aber Sinopahs Pony hatte Soyis kleinen seltsamen Tieren auf den Wiesen geglichen. Die Schwester sagte: „Man darf nicht

nach ihnen greifen." Auch nach Sinopahs Pony hatte man
nicht greifen dürfen. Nach diesem Pony aber durfte man
greifen. Man könnte das Gesicht an seine Mähne legen und
die Haare würden Sinopah in der Nase kitzeln. Es war kein
Traumpferd. Es war ein wirkliches Pferd, ein weißes scheckiges
Pony, ein Pferd wie alle Pferde im Lager der Indianer.
Und doch war es anders als sie alle. Sinopah hätte nicht sagen
können, worin der Unterschied bestand. Das Pony auf der
Wiese hatte kräftige Beine und einen starken Nacken, eine
dicke Mähne und einen langen Schweif. Alle Indianerpferde
hatten kräftige Beine und starke Nacken, dicke Mähnen
und lange Schweife. Aber Sinopah wusste: Keiner im Lager
besitzt ein Pferd, das diesem hier gleicht, meinem Pony.

Das Fell war weiß, mit braunen Flecken, dunkelbraunen und lichtbraunen. Sinopah ging einen Schritt näher: Das Pferd warf den Kopf hoch und stellte die Ohren auf.

Wie sanft und freundlich die Augen des Ponys waren! Und der weiße Schweif hing bis auf den Boden. Wie gut musste es sein, die Hände in die dicke weiße Mähne zu graben. „Pony", rief Sinopah leise, „Pony, mein Pony!"

Die Wiese war rings von hohen Bäumen umschlossen.

In den Büschen flöteten und zirpten Vögel. Scheue Zaunkönige schlüpften durch die dicht belaubten Zweige. Sinopah war noch niemals hier gewesen.

Vor zwei Tagen erst hatten die Indianer ihr Zeltdorf aufgebaut. Sie waren lange durch die Prärie gewandert auf der Suche nach einem neuen Sommerlagerplatz.

Jedes Jahr im Frühling wanderten Sinopahs Eltern und andere Familien der Schwarzfußindianer durch die Prärie. Sie brachen die Zelte ab, banden die Zeltstangen an ihre Pferde und ließen sie hinten nachschleifen. Zwischen den Stangen flochten sie ein Weidengeflecht und packten alles darauf, was sie besaßen. Sie zogen über weite Wiesen und über grasbewachsene Hügel, vorbei an kleinen Wäldern, an breiten Flüssen und schmalen Bächen. Falke und Habicht kreisten an dem blauen großen Himmel der Prärie. Auf den Wiesen weideten Büffel, Antilopen und Hirsche.

Sinopah liebte den Lagerplatz, den sich die Indianer für diesen Sommer gewählt hatten. Er lag zwischen zwei Hügeln an einem Bach. Sinopah brauchte nicht weit zu laufen,

um geheime Winkel am dicht bewachsenen Ufer zu finden,
wo keiner seiner Freunde ihn entdecken konnte, nicht einmal
Soyi, die Schwester.

Es war nun keineswegs so, dass Sinopah nicht mit seiner
Schwester beisammen sein wollte. Sie spielten immer miteinander.

Aber manchmal wollte Sinopah allein sein. Dann kam sein
Traumpferd zu ihm.

Soyi konnte nicht verstehen, warum Sinopah immer davon
redete. Wenn sie Lust hatte, hob sie der Vater auf eines seiner
Pferde. Sinopah und Soyi durften reiten, sooft sie wollten.

Und Soyi hatte ihre Puppen und den kleinen Bruder. Warum
hätte sie von einem Pferd träumen sollen, das es überhaupt
nicht gab?

Sinopah hatte aber immer gewusst, dass sein Pony eines Tages
zu ihm kommen würde, wenn er geduldig wartete. Und da
stand es nun auf der Waldwiese.

Sinopah war froh, dass er in den Wald gelaufen war. Eigentlich hatte er nicht hineingehen wollen. Ihm war eine Geschichte eingefallen, die Ponoka, einer der Männer des Stammes, auf der Wanderung erzählt hatte. Sie waren damals an einem Wald vorübergezogen, der genauso ausgesehen hatte wie dieser, und Ponoka hatte gesagt: „Hier wollten mich Feinde gefangen nehmen und fortführen, als ich so alt war wie du, Sinopah …"

Beinahe wäre Sinopah wegen dieser Geschichte nicht allein in den Wald gegangen. Wie gut war es, dass er es trotzdem getan hatte. Er hatte endlich sein Pony gefunden!

Sinopah wollte schon auf das kleine Pferd zulaufen, als er im Schatten der Bäume einen fremden Mann entdeckte.
Sinopah erschrak.

Es war ein alter Mann mit grauem, strähnigem Haar. Von dem gebeugten Rücken hing eine Decke aus Büffelleder auf die Erde. Sinopah konnte den alten Mann nicht genau sehen, die Schatten am Waldrand waren zu dunkel. Wenn es ein – Feind war! Ein Feind, der herbeischlich, um Sinopah gefangen zu nehmen! Soyi war nicht hier, der Vater und die Mutter und die Spielgefährten waren weit fort. Sinopah mochte noch so laut schreien, niemand würde ihn hören.

Das Pferd wieherte freudig. Es trabte zu dem alten Mann und der alte Mann fasste es an der Mähne, sah Sinopah an und kam näher. Sinopah wich zurück und stolperte fast über eine Wurzel. Er hörte den alten Mann rufen. Der Fremde wollte ihn gefangen nehmen und fortführen!

Sinopah floh. Die Ranken am Boden griffen nach seinen Füßen, als wollten sie ihn festhalten. In den Büschen flogen die Vögel auf. Eichhörnchen keckerten zornig. Zwei Bärenkinder flüchteten auf einen Baum.

Da war der Wald schon zu Ende. Das Sonnenlicht blendete Sinopah. Er sprang ins hohe Gras und lief und lief. (…)

Der Abend war warm und windstill. Vor den Zelten brannten die Feuer. Auch die Mutter hatte ein Feuer angezündet und den Kessel darüber gehängt. Die Fleischsuppe dampfte. Der Vater, die Mutter, Soyi, Sinopah und Kleiner Bruder aßen, bis sie satt waren.

Noch schienen die Sterne nicht. Aber schon war der Himmel fast schwarz. Rote und gelbe Flammen spielten vor jedem der nun dunkel gewordenen Zelte. Eine Eule schrie. Nachtschwalben riefen in den Bäumen. Kleiner Bruder schlief, den Kopf im Schoß der Mutter. Der Vater saß mit gekreuzten Beinen neben der Mutter.

Alte Männer schlugen leise auf ihre Trommeln und sangen dazu.

Sinopah schaute ins Feuer. Als er aufblickte, standen die ersten Sterne am Himmel. Er dachte an das Pony. Die Sterne schienen auch auf die Wiese – so wie hier auf die Zelte. Vielleicht sprang das Pony im Sternenlicht auf der Wiese umher.

Die Mutter trug den schlafenden kleinen Bruder ins Zelt. Sinopah und Soyi legten sich auf ihr Lager aus Weidenzweigen und duftenden Zedernbüscheln und deckten sich mit Kaninchenfellen zu.

„Mutter!", sagte Sinopah.

Die Mutter kam und beugte sich über ihn.

„Ich habe mein Pony gefunden", flüsterte Sinopah. „Ich lief über einen Hügel und durch einen Wald. Da war es auf einer Wiese. Es hatte ein weißes Fell und viele braune Flecken …"

Die Mutter strich über sein schwarzes Haar.

„Kleiner Fuchs", sagte sie, „mein kleiner Geschichtenerzähler."

Es ist keine Geschichte, es ist wirklich wahr, wollte Sinopah sagen, aber seine Lider wurden plötzlich so schwer, dass sie von selbst zufielen. Er spürte noch die Hand der Mutter auf seinem Haar, dann war er eingeschlafen.

Er träumte von seinem Pony. Im Traum ritt er auf dem Pony über die Hügel. Und im Traum gab es keinen fremden Mann, vor dem er Angst hatte.

Klaus-Peter Wolf

Tinka und der Lutscher

Stolz hängt Julia das Foto von ihrer ersten Reitstunde an die Wand. Ihre kleine Schwester Steffi sieht ihr dabei zu.

Über dem Bett ist der richtige Platz für das Bild. So kann Julia es abends anschauen, bevor sie einschläft, und morgens, sobald sie aufwacht.

Das Pferd auf dem Foto heißt Tinka. Es ist eine kleine weiße Stute. Weil Tinka so klein ist, denken viele Kinder, Tinka sei ein Pony. In Wirklichkeit ist Tinka aber ein richtiges Pferd.

Tinka mag Kinder. Rote Lutscher mag Tinka auch. Die Reitlehrerin gibt den Kindern nach der ersten Reitstunde meist einen Erdbeerlutscher. Tinka bekommt auch eine Belohnung. Eine knackige Möhre, denn die klebrigen Lutscher sind schlecht für Tinkas Zähne, sagt die Reitlehrerin.

Julia isst viel lieber Möhren als rote Lutscher. Deshalb hat sie heimlich mit Tinka getauscht. Julia aß die Möhre und Tinka knusperte den Lutscher.

Die Reitlehrerin hat es gemerkt und streng den Zeigefinger erhoben: „Mach das nicht noch einmal, Julia. Tinka bekommt davon Zahnweh!"

„Ich auch", sagt Julia ganz leise.

Seitdem sind Tinka und Julia Freundinnen.

Tinka scharrt freudig mit den Vorderhufen, wenn sie Julia sieht.

So, nun hängt Tinkas Bild endlich an der Wand.

Julia wirft sich auf ihr Bett und sieht das Bild an. Sie kann sich gar nicht satt sehen daran.

Julias kleine Schwester Steffi hat über ihrem Bett ein Bild von Alf. Jetzt ist sie neidisch auf Julia, denn auf Alf kann man nicht reiten. „Ich finde dein Pferd doof!", sagt Steffi streitsüchtig.

„Pah! Du kennst Tinka ja gar nicht. Tinka ist das tollste Pferd der Welt", faucht Julia zurück.

„Stimmt ja gar nicht. Fury ist viel besser!"

„Ach, Fury gibt es nur im Fernsehen, Tinka aber in Wirklichkeit. Du bist ja eifersüchtig, weil du noch keinen Reitunterricht hast."

„Ich krieg auch bald Reitstunden!", kreischt Steffi. Sie heult schon fast, so wütend ist sie.

„Ja, wenn du neun bist, so wie ich. Du bist aber erst vier. Du musst noch fünf Jahre warten."

Jetzt dreht Steffi sich um und weint. Sobald sie heult, läuft auch ihre Nase, und sie hat wieder kein Taschentuch.

Julia gibt ihr eins.

„Komm", sagt Julia, „lass uns nicht mehr streiten. Ich nehme dich morgen auch mit in die Reithalle. Du darfst zugucken." Steffi putzt sich die Nase und wischt sich die Tränen ab. Sie freut sich, dass sie mitdarf, aber sie ärgert sich auch noch ein bisschen, weil die große Schwester immer schon alles darf und sie noch nicht. Und das nur, weil Steffi jünger ist.

Am anderen Tag nimmt Julia ihre kleine Schwester tatsächlich mit in die Reithalle. Ganz fest hält Steffi Julias Hand. Es riecht nach Heu und Pferdemist. Steffi und Julia gehen an den Boxen

vorbei. Große Pferdeköpfe schauen über die Holztüren
und gaffen ihnen nach.

Schneeball, der wilde Hengst, tritt gegen die Stallwände,
dass es nur so rumst. Er will raus, nach draußen.

Jetzt kriegt Steffi ein bisschen Angst. Ihr wird unheimlich zu
Mute, in diesem dunklen Gang mit all den großen Pferden.

Billy, das Rennpferd, reckt seinen schlanken Kopf durch die
Gitterstäbe und will von hinten an Steffis Haaren schnuppern.
Billy liebt frisch gewaschenes Haar.

Vor Schreck fällt Steffi auf den Po. Jetzt wiehert Billy.
Wahrscheinlich lacht er mich aus, denkt Steffi.

Die Reitlehrerin begrüßt Steffi und Julia. Weil sie sieht,

dass Steffi sich ein bisschen fürchtet, ist sie besonders nett zu ihr. Sie schenkt ihr einen roten Lutscher zur Beruhigung. Vor lauter Aufregung leckt Steffi aber nicht daran. Sie kann die Augen nicht von Tinka lassen. Tinka ist schon gesattelt und die Reitlehrerin hilft Julia aufs Pferd. Steffi würde Tinka gern streicheln, aber jetzt, als sie vor Tinka steht, findet sie, dass Tinka riesig groß ist. Ein Untier. Was, wenn Tinka beißt? Die Reitlehrerin sagt: „Du kannst Tinka ruhig streicheln. Sie tut nichts."

Aber Steffi fürchtet sich trotzdem.

Da senkt Tinka den Kopf und kommt mit dem Maul ganz nahe an Steffis Gesicht. Steffi kann Tinkas warmen Atem spüren. Steffi wagt es nicht, sich zu bewegen.

„Sie beißt, sie will mich beißen!", flüstert Steffi voller Angst. Aber Tinka leckt nur an dem roten Lutscher und packt ihn dann zwischen ihre langen Zähne. Laut zerknuspert sie den Lutscher.

Jetzt lacht Steffi und traut sich, Tinka am Maul zu berühren. Tinkas Haut ist ganz weich und zart. Sie fühlt sich an wie Steffis Lieblingsbadetuch.

Tinka stupst mit ihrer großen, weichen Nase freundschaftlich gegen Steffis Gesicht.

„He", sagt die Reitlehrerin zu Steffi, „hast du den Lutscher schon aufgegessen?"

„Nein, das war Tinka."

„Na, macht nichts", lacht die Reitlehrerin, „ich gebe dir dann dafür Tinkas Möhre."

Zum Einverständnis wiehert Tinka und schleckt Steffi durchs Gesicht.

Antonia Glickstein

Der erste Galopp

Heute ist Mittwoch. Und seit einigen Monaten ist Mittwoch
für Leonie ein ganz besonderer Tag. Mittwochnachmittag
findet nämlich die Voltigierstunde statt. Voltigieren, das ist
so ähnlich wie Turnstunde auf dem Pferd. Das Pferd läuft an
einer langen Leine, der Longe, immer im Kreis herum, und
die Kinder springen auf und ab und machen alle möglichen
Übungen auf ihm, erst im Schritt und später auch im Galopp.
Richtige Akrobaten gibt es unter den Voltigierern, aber auch
Kinder, die einfach gern bei den Pferden sind und noch nicht
reiten dürfen.
Pünktlich um halb drei zieht sich Leonie eine bequeme Jogging-
hose an, sucht ihre alten Turnschuhe heraus und packt ein
paar Mohrrüben und einen Apfel ein. Dann holt sie Marc ab,
der zwei Straßen weiter wohnt, und zusammen gehen sie zum
Reitstall, wo die Voltigiergruppe übt.
Eigentlich gibt es ja zwei Gruppen. Die „Großen", die auf
dem riesigen Max trainieren und manchmal sogar schon an
Wettbewerben teilnehmen. Und die „Kleinen". Die üben mit
Jimmy, dem Tinkerpony, das auch nicht gerade winzig ist,
aber doch zumindest so, dass man mit einiger Übung auch
als kleiner Knirps auf ihn hinaufkommt.
So weit ist Leonie aber noch nicht. Wenn sie an der Reihe ist,
hilft ihr immer ein anderes Kind auf Jimmy hinauf.

Doch bevor es losgehen kann, holen die Kinder Jimmy erst einmal aus seiner Box und putzen ihn. Dann bekommt er den Voltigiergurt mit den beiden Griffen und eine Trense angelegt und wird an der Longe in die Reithalle geführt. Karin, eines der älteren Voltigiermädchen, leitet die Gruppe. Bevor irgendjemand auf dem Pony turnen darf, müssen sich die Kinder warmlaufen – Jimmy natürlich auch. Erst darf er ein paar Runden im wilden Galopp durch die Gegend rasen, so wild, dass Leonie immer ein bisschen Angst bekommt. Was, wenn er mit ihr oben drauf so losrennt?

„Das würde er nie tun", beruhigt Karin die Kinder immer wieder. „Jimmy ist ein echter irischer Gentleman. Deshalb darf er vorher immer toben, damit er nachher schön brav ist."

Und wirklich. Wenn Leonie dann oben sitzt und ihre Übungen macht, hat sie wieder Vertrauen in den guten alten Jimmy. Strahlend breitet sie die Arme aus, macht Fahne und Mühle und lässt sich im Trab von ihm rundherum tragen.

„So, Leonie", meint Karin dann, als Jimmy wieder in Schritt gefallen ist. „Heute ist es Zeit für deinen ersten Galopp, finde ich."

Ach du Schreck! Leonie wird ganz blass. „Galoppieren?", fragt sie ganz leise.

Nicht einmal Marc ist schon galoppiert, dabei ist der immer viel mutiger als sie.

„Na klar", meint Karin. „Das ist außerdem viel einfacher als Traben. Da wird man schön gleichmäßig durch die Gegend geschaukelt. Komm, Leonie, wir probieren's einfach mal aus. Du hältst dich schön an den Griffen fest, machst die Beine ganz lang und den Rest erledigt Jimmy für dich."

Leonie beißt sich auf die Lippen und ihr wird auf einmal heiß und kalt zur gleichen Zeit. Warum denn gerade heute?, denkt sie. Wir könnten doch auch nächstes Mal ... Tausend Krabbelkäfer scheinen sich urplötzlich in ihrem Bauch eingefunden zu haben.

Aber da kennt Karin kein Pardon.

„Also, Jimmy, aufgepasst: Galopp." Karin tippt den Schecken leicht mit der Longierpeitsche an und gehorsam springt er in seinen schönsten gleichmäßigen Galopp. Erst wartet Leonie darauf, dass sie gleich runterfallen wird. Doch dann merkt sie, dass Galoppieren wirklich einfach ist. Es hoppelt nicht so sehr wie der Trab und man kann sich ganz schnell in den Rhythmus

47

einfinden. Zum ersten Mal kann Leonie sich vorstellen, dass sie vielleicht irgendwann auch so gut wie die „Großen" voltigieren können wird. Drei Runden lang galoppiert Leonie schon. Auf einmal traut sie sich auch, die Hände vom Griff zu nehmen.

„Galoppieren ist klasse", flüstert sie Melanie zu, als sie wieder sicher auf dem Boden steht.

„Sag ich doch", gibt die leicht schnippisch zurück.

Davon lässt sich Leonie ihre Freude aber nicht verderben. Sogar abends im Bett, kurz vor dem Einschlafen, denkt sie noch daran, wie sie heute ganz allein auf dem großen Jimmy galoppiert ist …

Antonia Glickstein

Auf zur Rackenmühle!

Auf zur Rackenmühle! Kaja ist schon ganz aufgeregt. Dabei ist es eigentlich Daniels großer Tag. Denn heute geht er ins Ponylager. So riesig viel macht sich Kajas großer Bruder zwar nicht aus Ponys, aber sein bester Freund Kai kommt ebenfalls mit und der liebt Ponys über alles.

Kaja darf mit, wenn Mama Daniel und Kai zur Mühle fährt. Fast eineinhalb Stunden fährt man dorthin und deshalb müssen sie früh los. Um zehn Uhr sollen sie dort sein. Doch, oh je, Mama hat verschlafen, Daniels Sachen sind erst zur Hälfte gepackt, und als sie Kai abgeholt haben und alle schon im Auto sitzen, fällt Kai auf, dass er seine Zahnbürste vergessen hat!

„Och, die brauch ich doch überhaupt nicht", mault Kai, dem es natürlich furchtbar peinlich ist, dass Mama wegen ihm noch einmal zurückfahren soll. „Sind doch nur fünf Tage."

„Von wegen nur fünf Tage", meint Mama energisch. „Wir wollen ja schließlich nicht, dass dir alle Zähne ausgefallen sind, wenn du wieder nach Hause kommst. Aber dort vorne ist ein Supermarkt. Da können wir eine neue Zahnbürste für dich kaufen."

Als sie dann endlich an der Rackenmühle ankommen, ist es schon beinahe halb elf.

„Macht überhaupt nichts", meint Lissy, die sich als Betreuerin vorstellt. „Wir haben noch nicht angefangen, die anderen waren auch nicht alle um punkt zehn Uhr hier."

Lissy und Tina wohnen in der Rackenmühle und werden das Ponylager leiten.

Kaja nimmt allen Mut zusammen: „Meinst du, darf ich … ich will so gern die Ponys sehen."

Lissy lacht. „Na klar, kommt doch einfach alle mit, die anderen sind schon zur Weide vorgegangen, wir laufen schnell hinterher."

Kaja strahlt. Als sie auf einem Trampelpfad das angrenzende Wäldchen durchquert haben, öffnet sich der Blick auf eine große Wiese mit Bach und vielen Apfelbäumen. Jetzt im November gibt es natürlich keine Äpfel mehr, aber das Gras glitzert im Morgentau und die Sonne beginnt gerade über den Berg zu blinzeln.

„Ja, morgens ist es hier recht frisch", meint Lissy, die zwei Pullis übereinander trägt.

Und da sind auch schon die Ponys. Fünf Stück zählt Kaja – nein, ganz hinten steht noch ein ganz winziges sechstes. Ob man auf dem wohl reiten kann? Es ist braun-weiß gescheckt. Kaja findet es supersüß, mit seiner langen zweifarbigen Mähne und dem Zottelpelz.

Die beiden Jungen schlüpfen schnell unter dem Zaun durch und laufen zu den anderen Kindern, die mit Tina bei einem der Ponys stehen. Kaja blickt ihre Mutter fragend an. Doch bevor die etwas sagen kann, meint Lissy: „Komm doch einfach mit, dann stelle ich dir die Ponys vor." Sie nimmt Kaja bei der Hand, öffnet den Zaun und schließt ihn wieder sorgfältig hinter sich. Dann gehen sie zusammen von Pony zu Pony.

Wunderschön sehen sie aus, wie sie hier auf der Wiese stehen und grasen. Und ein kleines bisschen erinnern sie Kaja auch an Teddybären.

„Schließlich haben sie ja auch schon Winterfell", erklärt Lissy. „Im Sommer waren sie ganz blank. Sie verbringen das ganze Jahr über draußen auf der Weide. Da brauchen sie schon ein dichtes Fell, damit ihnen nicht kalt wird."

Dann sagt sie Kaja die Namen aller Ponys: „Krummi, ist noch ganz jung. Mit ihm muss man vorsichtig sein, er ist ein bisschen schreckhaft", warnt Lissy. „Den lässt du lieber in Ruhe."

Katla, eine kleine, etwas rundliche Fuchsstute, Krummis Mutter, hingegen freut sich über den Besuch und streckt ihnen sofort die Nase entgegen. Joey ist eigentlich gar kein Pony mehr, findet Kaja. Joey ist viel größer als die anderen Ponys.

„Doch", meint Lissy, „Joey ist ein Tinkerpony aus Irland. Ihn nehmen wir oft zum Voltigieren, weil er so einen breiten, bequemen Rücken hat. Zum Voltigieren bekommt das Pferd einen Gurt mit zwei Griffen umgeschnallt und läuft an einer langen Leine immer im Kreis, während die Kinder auf ihm turnen."

Und dann sind da noch Stjarna und Paco. Und natürlich Krümel, das braun-weiß gefleckte Shetlandpony, das Kaja gleich zu Beginn entdeckt hatte. Krümel durchsucht Kajas Tasche sofort von oben bis unten.

„Der kleine Vielfraß hofft, dass du etwas für ihn dabeihast", grinst Lissy. Kaja hat ein ganz schlechtes Gewissen. Zu Hause hätten sie massenhaft Äpfel und Karotten. Warum hat sie da nicht dran gedacht!

„Das ist auch besser so", meint Lissy. „Krümel ist sowieso
zu dick. Weil er so klein ist, braucht er ganz wenig Futter.
Und wir haben gerade niemanden, der ihn reitet."

„Warum haben Krummi und Katla und Stjarna so komische
Namen?", möchte Kaja wissen.

„Das kommt daher", erklärt ihr Lissy, „dass sie aus Island
sind. Und deshalb haben sie auch isländische Namen. Stjarna
zum Beispiel bedeutet ‚Stern'. Und wenn du ihren Schopf zur
Seite nimmst, siehst du, dass Stjarna wirklich einen weißen
Stern auf der Stirn hat. Nun lass uns aber mal zu deiner Mama
zurückgehen. Sie will sicher bald nach Hause."

Von Daniel und Kai ist nichts mehr zu hören und zu sehen.

„Mama", meint Kaja, als sie wieder aus der Weide heraus sind,
„kann ich nicht auch hier bleiben? Ich könnte doch Krümel
reiten, die anderen sind sowieso viel zu groß für ihn. Und er
braucht dringend jemanden, der ihn reitet, sagt Lissy."

Mama zögert. „Aber du hast doch gar nichts zum Anziehen
dabei. Und außerdem habe ich dann ja gar kein Kind mehr zu
Hause."

„Macht nichts", befindet Kaja großzügig. „Ich kann mir ja
was von Daniel leihen. Außerdem sagst du immer, wie gern
du mal deine Ruhe hättest. Ich will auch hier bleiben, biiiiitte,
Mama, bitte, bitte."

Mama schaut Lissy leicht verzweifelt an. „Ja, ginge das denn
überhaupt?"

„Im Grunde schon, aber wir haben keinen Schlafplatz mehr.
Gerade diese Woche haben wir sowieso schon ein Kind mehr,
als wir normalerweise aufnehmen. Und wir sind auch nur zu
zweit, da wird es dann irgendwann ein bisschen viel, wenn

Tina und ich auf zehn anstatt auf acht Kinder aufpassen müssen."

Kajas Augen glitzern verdächtig. „Ich will aber auch ins Ponylager." Da laufen auch schon die ersten Tränen die Wangen hinunter. „Kannst du mich nicht immer herbringen, Mama? Dann nehme ich keinen Platz beim Schlafen weg und ich mache auch ganz sicher keine Arbeit."

Mama schüttelt den Kopf. „Kaja, nun sei mal vernünftig. Ich kann dich schließlich nicht jeden Tag hin und her kutschieren. Und du hast Lissy doch gehört. Es sind schon so viele Kinder. Außerdem bist du noch ein bisschen klein für ein richtiges Ponylager. Schließlich bist du erst sechs. Nächstes Jahr vielleicht."

Nächstes Jahr klingt wie nie, gar niemals. Nächstes Jahr ist noch so weit weg. Dabei hatte sich Kaja schon blitzschnell ausgemalt, wie schön das alles werden würde. Krümel jeden Tag von der Weide holen, putzen, reiten und hin und wieder auf Joey, dem riesigen Tinkerpony, voltigieren, oder wie das heißt. Krümel war bestimmt auch traurig, wenn sie jetzt wieder wegmusste. Nur Daniel, der wäre nicht begeistert, wenn sie hier bliebe. Kaja kennt ihren großen Bruder ziemlich gut und in diesem Punkt ist mit ihm nicht gut Kirschen essen. Wie gerufen taucht Daniel plötzlich wieder bei Kaja und ihrer Mama auf.

„Was? Kaja will hier bleiben? Nee, kommt überhaupt nicht in die Tüte", ruft er entsetzt. „Das ist mein Ponylager, Kaja ist viel zu klein, dann muss ich mich dauernd um sie kümmern!"

„Musst du nicht! Ich brauch dich überhaupt nicht", schnauft Kaja wütend und aus den traurigen Tränen werden plötzlich

Wutttränen. Am liebsten ginge sie mit den Fäusten auf Daniel los, aber Mama, die so was geahnt haben muss, hält sie geschwind am Ärmel fest.

„Kaja, jetzt hör auf, so ein Theater zu machen. Das ist ja nicht auszuhalten!" Auf Mamas Stirn zeigen sich Zornesfalten. Ein echtes Warnzeichen, das weiß Kaja aus Erfahrung und sie hält lieber den Mund.

„Vielleicht habe ich da eine Idee", meint Lissy, die bislang überhaupt nichts gesagt hat. „Kaja könnte doch am letzten Tag zu uns kommen. Da machen wir einen Ausflug mit den Pferden. Und da kann sie dann auf Krümel mit. Wir werden mit dem Reiten sowieso abwechseln, weil sich ja immer zwei Kinder ein Pony teilen. Und ich werde mal meine Schwester anrufen, ob sie mitkommt. Sie ist schon fünfzehn und kennt Krümel bestens. Die könnte dich dann führen."

Von einer Sekunde zur anderen sind Kajas Tränen versiegt.

„Au ja, das wäre superoberspitzenklasse! Bitte, bitte, Mama!"

Mama ist noch nicht so richtig überzeugt. „Und was mache ich dann den ganzen Tag? Ich müsste euch ja abends wieder abholen? Und was, wenn dir das alles viel zu anstrengend wird?"

Kajas Mundwinkel sinken wieder nach unten. Warum müssen sich Mütter nur ständig Sorgen machen? Mama ist heute ein echter Spaßkiller. Sie will unbedingt mit auf den Ausflug. Zum Glück hat Lissy schon wieder eine Lösung parat: „Wenn es Kaja wirklich zu viel wird, können wir sie nach der Mittagspause mit dem Auto zurückfahren lassen. Wir haben nämlich jemanden, der uns ein Picknick vorbeibringt."

„Also gut", seufzt Mama. „Ich rufe bei Kais Eltern an, wenn sie bereit sind, euch alle drei abends abzuholen, dann kann ich dich morgens vorbeibringen. Du musst aber ohne viel Aufhebens pünktlich aufstehen, verstanden, junge Dame?" Kaja ist nämlich genau wie Mama Langschläferin und muss normalerweise dreimal geweckt werden. Keine schöne Aufgabe, findet Mama, wenn man sich selbst sozusagen mit Gewalt aus dem Bett zerren muss.

„Kein Problem", verspricht Kaja zufrieden. Vermutlich wird sie sowieso kaum schlafen können aus lauter Vorfreude. Gemeinsam gehen sie zur Mühle zurück, und nachdem sich Mama und Kaja von Daniel, Kai und den anderen Kindern verabschiedet haben, machen sie sich auf die Heimfahrt. Aber das macht Kaja überhaupt nichts mehr aus. Schließlich darf sie bald wiederkommen. Und dann bringt sie Krümel auf jeden Fall eine Karotte mit. Eine ganz kleine, damit er nicht zu dick wird!

Sigrid Heuck

Die Ponyquadrille

Am ersten Ferientag lieferte Herr Kandinsky die Sulkys, die
Geschirre und seinen Neffen Danny auf dem Jettenberghof ab.
„Hei, Danny", schrie Tinka, als er aus dem Auto stieg, und
Mareile schenkte ihm einen Apfel zur Begrüßung.
Die Sulkys waren kleine Kunstwerke. Herr Kandinsky hatte sie
aus federleichten Metallrohren zusammengeschweißt. Er hatte
sie ausbalanciert und weiß lackiert. Jetzt standen sie mitten im
Hof und wurden von allen bewundert.
„So schön habe ich sie mir nicht vorgestellt", sagte Frau Jetten-
berg voll Andacht.
Natascha sprang gleich auf einen Sitz und Moby Dick
beschnüffelte sie neugierig.
„Darf ich sie mal ausprobieren?", fragte Tinka, und als Herr
Kandinsky nickte, zwängte sie sich auf einen der Sitze und
stemmte ihre Füße in die dafür vorgesehenen Eisenbügel.
„Pass auf, ich zieh dich!" Danny hob die Gabel hoch und
rannte mit Tinka durch den Hof.
„Halt, halt!", rief Frau Jettenberg ängstlich.
Doch Herr Kandinsky beruhigte sie: „Lassen Sie nur, so ein
Sulky ist nicht so schnell umzubringen, er muss schon einiges
aushalten."
Dann holte er noch sechs große Kartons aus dem Auto.
Es waren die Geschirre.

„Wann beginnen Sie mit dem Training?", fragte er.

„Wenn das Wetter hält, morgen", antwortete Frau Jettenberg.

„Besuchen Sie uns einmal?"

„Wenn ich Zeit habe – gern."

Nach einigen völlig überflüssigen Ermahnungen an seinen
Neffen verabschiedete sich Herr Kandinsky.

Bis zum Abend waren auch Peter und Mausi, die eigentlich
Barbara hieß, auf dem Jettenberghof angekommen.

Am nächsten Morgen konnte es losgehen.

Während Frau Jettenberg bei Mausi Maß für die Jacke nahm,
holten Danny, Peter und Christian zusammen die Ponys von
der Bergweide. Tinka und Mareile brachten Allerleirau und

Katerlieschen samt ihren Fohlen über den Bach und sperrten sie im Stall ein.

Herr Kunze steckte inzwischen das Viereck ab.

Die Putzerei ging ziemlich schnell. Dann passten sie den Ponys die Geschirre an.

„Was mach ich bloß?", jammerte Mareile. „Bei Katerlieschen ist der Bauchgurt zu kurz." Nicht um alles in der Welt hätte sie zugegeben, dass nicht der Gurt zu kurz, sondern ihr Pony zu fett geworden war.

Herr Kunze kam mit der Lochzange. Er zwickte auf jeder Seite ein Loch in den Lederriemen und schon ging der Gurt zu.

Bei Struwwelpeter waren die Stränge ungleich und Onkel Tom hatte Angst vor dem neuen Geschirr.

Doch mit Frau Jettenbergs und Herrn Kunzes Hilfe standen sie schließlich alle angeschirrt da.

„Es wäre mir lieber, wenn ihr mal zu Fuß mit ihnen übt, bevor ihr sie an die Sulkys spannt", sagte Frau Jettenberg. „Ihr gewöhnt euch schneller aneinander und die Ponys lernen den Platz kennen."

So marschierten sie unter dem fröhlichen Gebell Moby Dicks im Gänsemarsch über die Brücke.

Tinka mit Allerleirau führte die Reihe an. Ihr folgten Christian mit Hotzenplotz und Mausi mit Struwwelpeter. Dann kamen Danny mit Robinson, Mareile mit Katerlieschen und als letztes Paar Peter mit Onkel Tom.

Sie hatten die Leinen in der Hand, als ob sie im Sulky säßen. Die Ponys mussten nichts ziehen. Sie sollten nur schön in einer Reihe hintereinander oder paarweise nebeneinander gehen lernen.

Frau Jettenberg hatte nicht geahnt, wie schwierig es sein würde, sechs eigenwillige Ponys und sechs eigenwillige Kinder dazu zu bringen, den Übungsplatz schön hintereinander in gleichen Abständen zu umrunden.

„Langsam, Tinka, die anderen kommen nicht mit. Struwwelpeter ist faul, du musst besser in die Ecken gehen mit ihm, Mausi! He, Mareile, wach auf! Was soll das Getrödel?"
Plötzlich besann sich Hotzenplotz auf das saftige Gras zu seinen Füßen. Er blieb einfach stehen und begann zu fressen.
„Sei streng mit ihm, Christian", mahnte Frau Jettenberg.
„Wenn er sich erst einmal einbildet, dass er machen kann, was ihm gerade einfällt, hast du es schwer mit ihm."
Inzwischen war Katerlieschen aufgewacht, und weil Mareile weiterschlief, übernahm das Pony die Führung. Es wendete auf der Stelle und ging jetzt links statt rechts herum.
„Wohin gehst du, Mareile?", schrie Tinka, die vor Allerleirau plötzlich Katerlieschens Mähnenschopf auftauchen sah. Sie hielt ihr Pony an.
Und weil der Christian auf einen plötzlichen Halt nicht gefasst war, lief Hotzenplotz von hinten auf Tinka auf. Sie bekam einen kräftigen Schubs und stolperte nach vorn auf Allerleiraus Kruppe, was Allerleirau erschreckte. Wenn aber etwas Allerleirau erschreckte, war das für Onkel Tom, den Ängstling, ein Signal. Er stieg hoch auf und wollte durchgehen.
Moby Dick fand das alles sehr lustig. Er bellte, hüpfte herum und fuhr den Ponys an die Beine. Dadurch wurde alles noch schlimmer. Es war ein heilloses Durcheinander. Trotz Herrn Kunzes und Frau Jettenbergs Hilfe dauerte es ziemlich lange, bis alles wieder entwirrt war.

„Na, Gott sei Dank, dass wir die Sulkys daheim gelassen haben", stöhnte Tinka. „Die hätten jetzt ausgesehen!" Wieder ordneten sich alle hintereinander ein. Und plötzlich ging alles viel besser. Irgendwie hatten die Ponys begriffen, was die Kinder wollten. Und die Kinder lernten allmählich, auf ihre Ponys einzugehen. Mareile passte auf, dass es den Anschluss nicht verlor, und Christian wusste nun, dass Hotzenplotz bei jeder Gelegenheit stehen blieb um zu fressen. Peter redete beruhigend auf Onkel Tom ein, bis er ein bisschen ruhiger wurde, und Tinka drehte sich immer wieder um, damit sie ihr Tempo nach den anderen ausrichten konnte. Auch das Paarweise-nebeneinander-Gehen klappte ganz gut.

Nur Robinson quietschte einmal und versuchte gegen Struwwelpeter auszuschlagen. Und als sie schließlich zu sechst nebeneinander die Mittellinie herunterkamen, ließ Mausi ihr Pony immer eine Kopflänge vor den anderen laufen.
„Wir fahren kein Rennen, Mausi", sagte Frau Jettenberg, „bei uns gibt's keine Sieger."
Da biss sich die ehrgeizige Mausi auf die Lippen und hielt Struwwelpeter zurück.
„Für heute ist's genug", schloss Frau Jettenberg schließlich die erste Übungsstunde. „Morgen spannen wir an."

Sigrid Heuck

Die Aufführung

Pünktlich um vierzehn Uhr versammelten sich alle bei dem großen Transportwagen. Frau Jettenberg verteilte die einzelnen Geschirre und Herr Kunze lud die Sulkys aus.

In kürzester Zeit hatte sich eine große Menschenmenge um die Ponys gebildet, und es war sehr gut, dass Herr Kandinsky, Frau Jettenberg und Herr Kunze überall mit zugriffen. Sonst hätte nämlich Mausi beinahe vergessen, Struwwelpeter den Kehlriemen zuzuschnallen. Mareile kannte sich plötzlich mit dem Bauchgurt nicht mehr aus und Danny legte den Kammdeckel verkehrt herum auf Nudeldicke Dirns Rücken.

Schließlich schafften sie es aber doch. Frau Jettenberg verteilte die Jacken und Helme. Die Kinder bestiegen ihre Sulkys und los ging es. Fast hätte Tinka vergessen, ihren Kaugummi auszuspucken. Sie merkte es erst, als der Kinnriemen des Helmes sie am Kauen hinderte.

Frau Jettenberg führte Allerleirau, bis sie einen freien Platz gefunden hatten, auf dem sich die Ponys warm laufen konnten. „Fahr ruhig, Tinka!", warnte Frau Jettenberg, als sie Allerleirau losließ. „Lass ihr Zeit, sich an den Trubel zu gewöhnen."

„Bitte Platz machen! Bitte Platz machen!", schrie Tinka und sie lenkte ihr Pony einfach mitten durch die Menge. Allerleirau zitterte ein bisschen. Sie war es nicht gewöhnt, von allen Seiten angesprochen und getätschelt zu werden.

63

„Schau mal, das süße Pony!", rief es vor und hinter ihr.
„Darf ich es streicheln?"
Und ein kleiner Junge plärrte vom Arm seiner Mutter herunter:
„Ich will drauf reiten!"
Doch Frau Jettenberg schüttelte jedes Mal den Kopf. „Jetzt
nicht, wir müssen gleich auf den Platz."
Zwei Herren standen am Rande des Zirkels. Sie trugen
schwarze Melonen und hatten rote Rosetten im Knopfloch.
Tinka hätte zu gern gewusst, was sie miteinander redeten.
Jedes Mal, wenn sie an ihnen vorbeikamen, schnappte sie ein
paar Worte auf, aber sie verstand den Zusammenhang nicht.
„Ponys aus der Jettenbergzucht", hörte sie einmal, dann:
„… Schaunummer …" und „… wär was für …"
Plötzlich schüttelte Herr Kunze sie an der Schulter. „Tinka,
pass auf! Der Lautsprecher!"
„Das war die Ehrenrunde für die Sieger des A-Springens",
dröhnte es gerade. „Und jetzt sehen Sie eine Schaunummer der
besonderen Art!"
„Tinka, wir sind dran. Komm!", rief Frau Jettenberg.
Tinka tippte die Peitsche auf Allerleiraus Rücken. „Platz
machen! Platz machen!", schrie sie.
„Sechs Ponys aus der bekannten Jettenbergzucht zeigen Ihnen
nun zum ersten Mal eine Traberquadrille in Originalanspan-
nung", verkündete die Lautsprecherstimme.
Tinka drehte sich um. Die anderen folgten ihr. Nur Onkel Tom
zögerte. Er hatte noch nie einen Kinderwagen gesehen.
„Angeführt von der Stute Allerleirau mit Katharina Jettenberg
im Sulky, zeigen Ihnen diese Ponys Eleganz, Schnelligkeit und
Wendigkeit."

Jetzt schoss Allerleirau durch das Tor auf den Platz.

„Ich halte euch die Daumen. Macht's gut!", sagte Herr Kunze noch neben ihr.

Dann waren sie alle sechs draußen.

Zwei Helfer hatten ihnen mit weißen Kegeln ein Viereck markiert, und als die ersten Takte des Charleston erklangen, schwenkte Tinka links ein: Die Vorführung begann.

Der Boden war nicht ganz so gut wie auf ihrem Übungsplatz. Er war ein bisschen tiefer und die Ponys mussten ziehen. In den Kurven rutschten die Sulkys nach außen, deshalb musste Tinka das Tempo zurücknehmen.

„Halt sie zurück", hörte sie Christian von hinten rufen.

Es handelte sich wieder einmal um Nudeldicke Dirn, die angaloppiert war.

Sie fuhren zu zweit halb rechts und halb links. Sie wechselten diagonal durch die Bahn, kreuzten auf der Mittellinie und gingen zu je dreien gegeneinander auf zwei Zirkeln. Dann schwenkten sie zum Karussell zu sechsen nebeneinander und lösten es wieder auf.

„Gut, weiter so", ermunterte Tinka die anderen.

Nach jeder Figur rauschte der Beifall auf.

Beim ersten Mal hatte der ängstliche Onkel Tom wieder einmal zu steigen versucht.

Doch Peter konnte ihn beruhigen. „Gut, Onkel Tom, braver Onkel Tom, gleich ist's vorbei!"

Herr Kunze stand am Eingang. Er hatte seine Hände tief in die Hosentaschen vergraben, damit niemand sehen konnte, wie sie zitterten. Unweit von ihm stand Frau Jettenberg.

„Jetzt sind sie schon sechs Minuten unterwegs", flüsterte sie Herrn Kunze zu. „Sie sind zu langsam. Die Leute werden sich langweilen."

Doch für die Zuschauer war diese Quadrille etwas völlig Neues. Sechs Kinder mit sechs flinken Shetlandponys in dieser Form vorgestellt, gefiel ihnen offensichtlich. Sie klatschten begeistert, als Tinka mit Allerleirau im Stechtrab zur Ehrenrunde einschwenkte. Die anderen folgten ihr. Am Ausgang empfing sie Frau Jettenberg.

„Wie war's?", fragte Tinka.

„Alles in Ordnung", sagte ihre Mutter.

Und noch jemand stand da: „Grüß Gott", begrüßte Bürgermeister Reisinger die kleine Gruppe. „Ich wollte Ihnen nur

sagen, dass mir das alles sehr gefallen hat. Haben Sie einen Augenblick Zeit für mich?"

„Ich weiß nicht", zögerte Frau Jettenberg, „wir müssen ausspannen."

„Das können wir schon allein."

Mareile richtete sich hoch auf in ihrem Sulky.

Frau Jettenberg blieb also bei Bürgermeister Reisinger, Christians Vater, und als Tinka sich kurz darauf noch einmal umdrehte, sah sie, wie dieser eifrig auf ihre Mutter einredete. Sie sah dann noch, wie hinter dem Rücken des Bürgermeisters Mareiles Mutter immer mit dem Kopf nickte, wenn Herr Reisinger redete.

„Mein Vater ist aber heute in Fahrt", meckerte Christian neben ihr, „was der wohl wieder vorhat?"

Sie spannten die Ponys aus. Herr Kunze packte die Geschirre und die Jacken in den Koffer.

Erleichtert aufseufzend nahm Tinka den Helm ab. Sie kramte die Kaugummipackung aus ihrer Jeanstasche und verteilte sie;

sogar Herr Kandinsky bekam einen. Dann verluden sie die Ponys.

„Wir könnten fahren", sagte der Fahrer, „wenn Frau Jettenberg da wäre."

Doch Frau Jettenberg war schon wieder aufgehalten worden. Diesmal waren es die beiden Herren mit den Melonen.

„Wir schreiben Ihnen noch das genaue Datum", sagte der eine gerade und der andere fügte hinzu. „Es wäre schön, wenn Sie kommen könnten!"

„Vielen Dank", antwortete Frau Jettenberg, „Sie werden von mir hören." Sie schüttelte jedem die Hand.

Dann verabschiedete sie sich von Herrn Kandinsky.

„Es wird Dannys Mutter doch recht sein, wenn ihr Sohn erst morgen mit dem Bus in die Stadt zurückkommt?", fragte sie. „Er würde so gern noch mitfahren."

Herr Kandinsky versprach, der Mutter Bescheid zu sagen. (…)

Die Kinder konnten es kaum erwarten, bis sie wieder über die Brücke auf den Jettenberghof fuhren.

Dann mussten die Ponys ausgeladen und auf die einzelnen Weiden verteilt werden. Die Kisten wurden in die Sattelkammer gestellt und die Sulkys in die Scheune gefahren. Natürlich musste Moby Dick ausgiebig begrüßt werden und Natascha verlangte nach ihrer Milch.

Antonia Glickstein

Eine Fohlengeburt

Die Wildpferdstute Maja kennt Menschen nur aus der Ferne.
Nur einmal im Jahr, wenn im Dülmener Bruch in Westfalen
die Pferde zusammengetrieben werden, hat sie Kontakt mit
Menschen. Dann werden die Hengstfohlen aus der Herde
aussortiert und verkauft. Das sind aufregende Tage für die
gesamte Herde, doch nach einigen Tagen haben sie ihre
verlorenen Kinder vergessen. Schon bald kündigt sich wieder
Nachwuchs an. Und schließlich können nicht alle jungen
Hengste im Dülmener Bruch bleiben, dafür ist das Gebiet viel
zu klein.

Den Rest des Jahres aber lebt Maja in ihrer Herde, die von
ihrer Großmutter geleitet wird und zu der außer ihrer Mutter
noch einige Tanten, Schwestern und Kusinen und natürlich die
Fohlen gehören. Sie sehen sich alle ein wenig ähnlich: braun
oder grau, mit dunkler Mähne und dunklem Schweif sowie
dunklen Beinen. Falben werden sie genannt. Den Sommer über
läuft auch der Hengst mit der Dülmener Wildpferdherde mit.
Dieses Jahr erwartet Maja ihr erstes Fohlen. Schon seit Herbst
ist ihr Bauch stetig dicker geworden und jetzt im April ist
Maja eine wandelnde Tonne. Sie spielt nicht mehr gern mit
den anderen Pferden, sondern möchte lieber ihre Ruhe haben.
Es macht ihr auch immer mehr Mühe, mit dem Tempo der
anderen mitzuhalten.

Dann, in einer Nacht im Juni, ist es so weit. Maja wird unruhig und läuft nervös auf und ab. An ihrem Euter haben sich kleine Harztröpfchen gebildet. Sie schwitzt und verjagt alle anderen Pferde, die sich ihr nähern wollen. Sie will allein sein, wenn sie ihr erstes Fohlen zur Welt bringt, da kann ihr niemand helfen. Sie sucht sich ein geschütztes Plätzchen, dreht sich mehrmals um sich selbst, um das hohe Gras niederzutreten, und legt sich dann hin. Lange kann es nicht mehr gehen, denn die Fruchtblase ist bereits geplatzt, ein untrügliches Zeichen, dass die Geburt unmittelbar bevorsteht.

Bald sind die Vorderhufe und eine kleine feuchte, dunkle Schnauze zu sehen. Das ist gut so, denn dann liegt das Fohlen richtig. Das weiß Maja natürlich nicht, und sehen kann sie es auch nicht, aber so, wie ihr Instinkt ihr gesagt hat, dass sie sich nun einen Platz für ihre erste Fohlengeburt suchen muss, macht sie auch jetzt alles richtig.

Kurz darauf liegt das Fohlen im Gras. Mit einem kräftigen Strampeln befreit es sich von der Eihaut und macht den ersten Atemzug. Schon ist Maja zur Stelle und leckt ihr kleines Fohlen trocken. Dabei reißt die Nabelschnur. Das bedeutet, das kleine Pferdekind kann nun bald selbstständig durch die Welt marschieren.

Kaum eine halbe Stunde nach der Geburt hat sich die kleine Stute aufgerappelt und steht noch etwas klapprig auf den langen dürren Beinen. Doch wo sie hin will, weiß sie genau: zum Euter ihrer Mutter, um viel warme Milch zu trinken, damit sie bald groß und stark wird.

Nachdem das kleine Fohlen seine erste Mahlzeit beendet hat, probiert es vorsichtig seine Beine aus. Und als es dämmert,

führt Maja ihre erste Tochter zur Herde, damit es seine Verwandten kennen lernen kann. Denn die Herde ist für die Wildpferde das Wichtigste überhaupt. Ohne sie sind sie verloren.

Bald wird Majas Tochter mit den anderen Fohlen über die Wiesen galoppieren und nachts im Schutz der älteren Stuten tief und fest schlafen. Und eines Tages wird die kleine Stute genau wie ihre Mutter Maja ihr erstes Fohlen ganz allein zur Welt bringen.

Lise Gast

Großer Spaß
mit kleinen Pferden

Sie hatten versprechen müssen, nicht die große Straße zu
fahren, wo die Autos einander jagten und man nichts als
Auspuffgase schluckte. Die Feldwege waren trocken und hart,
und wenn man nicht in die ausgefahrenen Spuren kam, radelte
es sich ganz gut. (...)
„Jetzt sind wir bald da!"
Sie überquerten die Straße, fuhren einen kleinen Weg an den
Tennisplätzen entlang und kamen dann in einen Hof, in dem
rechts ein Brunnen stand. Er plätscherte vor sich hin, richtig
romantisch. Links und rechts lagen kleine alte Fachwerkhäu-
ser, gegenüber eine Scheune. An der rankte sich Wein empor.
Drei Hunde standen auf dem Hof und sahen ihnen entgegen:
ein Basset, niedrig, lang, schwarzbraun-weiß gefleckt, ein
kohlschwarzer Riesenschnauzer und einer, dessen Rasse Petra
nicht feststellen konnte. Vielleicht war sie überhaupt nicht
festzustellen, auch von Kennern nicht, besser: von Kennern
erst recht nicht. Der große schwarze Schnauzer fing jetzt an zu
bellen, tief, grollend. Petra und Anja sprangen vom Rad und
blieben stehen.
Aus dem linken Fachwerkhaus ertönte jetzt ein „Tina, hier-
her!" und der Schwarze verstummte. Eine junge Frau trat in
die offene Tür, in Jeans und einem bunten Hemd, und winkte
den beiden.

73

„Kommt, sie tut euch nichts, wenn ich dabei bin."

Petra und Anja kamen näher. Die Frau führte sie in eine niedrige Küche und die Hunde folgten. Die Küche war holzgetäfelt und richtig gemütlich, fanden die beiden Mädchen sofort. Am Tisch saß ein kleiner Junge und blies Blockflöte, immerzu dieselbe Zeile einer Melodie, die sie auch kannten; ein anderer kroch auf der Erde der Katze nach, ein Gipsbein hinter sich herziehend. Der dritte bearbeitete eine Trillerpfeife, die einem in die Ohren gellte. Tina murrte und grollte noch und auf dem Herd zischte es. Die ganze Küche roch nach Birnen und Zimt, herbstlich süß, und nach Pferden. Der Hausherr, ein junger Mann mit dunklem Haar und freundlichem Gesicht, stand am Tisch und versuchte mit einem Brotmesser eine Schraube am Türschloss zu lösen.

„Warum nimmst du nicht den Schraubenzieher?", fragte seine Frau und er antwortete friedlich: „Weil ich ihn doch nicht finden kann, Stine, mein Goldkind."

Petra musste herzhaft lachen. Sie wusste ganz genau, wie sehr sich ihr Vater immer ärgerte, wenn jemand sich erfrecht hatte, an sein Handwerkszeug zu gehen. Lag das nicht genau an seinem vorbestimmten Platz, so gab es ein furchtbares Donnerwetter.

„Warte, hier. Ich hatte …" Stine griff hinter sich und reichte ihm einen Schraubenzieher, der in einer der Pellkartoffeln gesteckt hatte, die dampfend auf dem Herd standen. „Ich wollte sehen, ob sie gar sind."

„Danke. Ja, so geht es besser. Und was möchte unser lieber Besuch?"

„Wir möchten – wir haben angerufen", schoss Petra los.

74

„Wir haben Sie mal vierspännig fahren sehen, mit dem Pferde-
schlitten – mit Ponys …"

„Ach so." Holle, damit war Stines Mann gemeint, legte die
Schraube auf den Tisch und das Türschloss daneben. „Ich
weiß. Stine, diese beiden jungen Damen möchten eine andere
junge Dame vierspännig zur Hochzeit fahren."

„Hoffentlich ist auch ein junger Herr dabei", sagte Stine
vergnügt. „Wo, wann, wen?"

Petra berichtete und Anja gab immer einmal ein Wort oder
einen Satzteil dazu. Hier waren sie richtig, merkten beide
schnell. Hier würden sie mit ihrem Wunsch Verständnis finden.
Das junge Ehepaar mit den drei kleinen Jungen schien daran
gewöhnt zu sein, dass man sie um merkwürdige Dinge bat, die
die Ponys betrafen, und Stine stellte den Topf mit den Kartof-
feln erst einmal zum Abkühlen vors Fenster. Sie sagte:

„Kommt! Ihr wollt doch sicherlich die Ponys sehen."

Anja und Petra nickten begeistert. Der älteste der kleinen
Jungen, Johannes, genannt Jo, legte die Flöte weg und Moritz,
der Trillerpfeifer, sein Lärminstrument ebenfalls. Da schrie
auch der mit der Katze, Thomas, der jüngste, er wolle mit.
Petra angelte ihn unterm Tisch hervor und nahm ihn auf den
Arm. Himmel, war das Gipsbein schwer!

„Du kannst ihn doch nicht tragen", mahnte Stine besorgt.

„Wohl kann ich!", eiferte Petra, ihn hochhievend. „Ich hab
ja auch einen kleinen Bruder zu Hause, den ich manchmal
rumschleppen muss, auch ohne Gipsbein ist der schwer …"

Stine lachte und half ihr, den Kleinen auf den Rücken zu
nehmen.

„Huckepack mag es gehen, ja, so. Nun kommt. Die Ponys sind

auf der Koppel, sie müssen sowieso rein. Wir haben sie im Elektrozaun und der muss umgesetzt werden."

„Wir helfen!", sagten Anja und Petra sofort. Sie gingen über den Hofplatz an einem niedrigen, selbst gebauten Stall entlang und dann einen schmalen Weg, der zum Wald führte. Nach etwa achthundert Metern sahen sie die Ponys von weitem auf einer Wiese stehen. Da rannte auch Petra mit ihrem Gipsbeinjungen auf dem Rücken los. Wer kann schon langsam gehen, wenn er eine Herde winziger Ponys sieht, dick bebuscht, die Nasen wendend, als sie Menschen und Hunde kommen hörten.

„Nein, so was Hübsches! So was Nettes! Nein, sind die süß!", rief Anja. (…)

„Dürfen wir sie reinführen?", fragten Petra und Anja wie aus einem Munde.

„Führen? Wir reiten sie immer rein", antwortete Jo ein wenig von oben herab, „oder wollt ihr lieber nicht?"

Und ob sie wollten! Stine lachte zwar und warnte sie.

„Sobald ich den Zaun aufmache, gibt's ein großes Wettrennen nach Hause, wo sie Kraftfutter und Lecksteine vermuten. Traut ihr euch zu, oben zu bleiben? Reiten tut ihr doch, im Reitverein", sagte Holle. „Also?"

„Auf einem Pony hab ich noch nie gesessen", gab Anja zu, „aber schwieriger als Pferde sind sie doch sicherlich nicht, oder?" Sie wollte natürlich unter gar keinen Umständen zurückstehen. Petra hatte schon auf kleinen Pferden gesessen, wie sie sagte.

„Galopp ist doch leicht. Wenn sie wirklich sofort angaloppieren …"

„Das tun sie, darauf könnt ihr euch verlassen. (…) So, nun
rauf auf die Rösser! Jo, du nimmst am besten Winnetou, mit
dem können die anderen nicht."
Jo war schon unterm Draht durchgeschlüpft und beim Hengst
angelangt. Wupp, saß er drauf.
„Und Mo den Nikolo …"
„Ja, reitet ihr denn ohne Zügel?", fragte Anja etwas perplex.
Dass man diese kleinen Pferde nicht sattelt, hatte sie erwartet,
aber ohne Zügel – da wusste man doch gar nicht, wohin sie
liefen.
„Die laufen zum Stall, unter Garantie!" Stine lachte. „Festhalten muss man sich an der Mähne. Dazu hat der liebe Gott
sie ja wachsen lassen."

Ja, wenn man die Mähnen der kleinen Pferde mit denen der großen verglich, dann konnte man allerdings sagen: Hut ab! Das waren dicke, meist nach beiden Seiten herabhängende Mähnen, struppig und ein wenig gewellt, hart anzufassen. Stine war seitlich über den Zaun gesprungen, ging zu Peuke, einem breiten, kleinen Sommerrappen … und fasste ihn vorn an seinem dicken Schopf. „So, steh schön, mein Dicker, und du steig auf. Auf so einen kommst du auch ohne Bügel", sagte sie freundlich zu Anja, „ich halt ihn solange."

Petra hatte sich bereits eiligst, als habe sie Angst, dass doch noch ein Nein kommen könnte, auf den Scheck geschwungen. Moritz sprang gerade auf Lettchen. Da gab sich Anja einen Ruck und stemmte sich – komme, was wolle – auf Peuke. Stine, den kleinen Thomas auf dem Rücken, Peuke neben sich herführend, fragte noch: „Alles klar?", und ging zum Eingang in dem Zaun, hakte den Griff aus und trat zur Seite, Peuke vorläufig noch festhaltend. Sogleich kam Winnetou von hinten angeschossen. (…)

Da gab es auch für Peuke kein Halten mehr. Stine gab seinen Busch frei und schon ging er im Galopp los. Anja dachte zuerst, sie flöge schon im allerersten Moment von seinem Rücken, weil er die Kurve so eng nahm. Blindlings griff sie nach vorne und krallte sich in die starren Mähnenhaare und kam wieder ins Gleichgewicht. Neben ihr jagte Mo auf Lettchen. Es ging über eine Wiese, dann einen kleinen Hang schräg empor, hinauf auf die schmale Straße, die sie vorhin gefahren waren. „Er wird schon wissen, wohin es geht", dachte Anja. (…)

Sie sah Petra auf Nikolo vor sich, gleich darauf ging es nach links, da bremste Peuke tatsächlich. Er bremste aber nicht

mit einem Ruck, sondern verlangsamte seine Galoppsprünge
allmählich; Anja hatte sich bereits auf ihn eingestellt und blieb
oben.

Jetzt kam links eine offene Stalltür, Anja duckte sich tief –
„nur nicht mit dem Kopf an die obere Türleiste knallen" –
und war drin. Hier allerdings hielt Peuke auf der Stelle und
da gab es kein Obenbleiben mehr. Anja flog blitzschnell über
seinen Kopf hinweg und landete in einem Haufen Grünfutter,
das in der Ecke des Stalles abgelegt worden war. Aufatmend
wälzte sie sich herum, wischte sich das Gesicht und richtete
sich auf.

„Na, glücklich gelandet?", fragte Petra, während sie sich von
Nikolo schwang, und betrachtete Anja vergnügt. „Alles noch

dran? Dann komm, wir haben versprochen, Stine zu helfen, wenn sie den Zaun umsetzt." (...)
Die beiden kleinen Jungen waren abgesessen und verteilten das Grünfutter in die verschiedenen Raufen. Petra und Anja halfen. Und dann liefen sie zu viert wieder auf die Weide.

Antonia Glickstein

Ronny, das Zirkuskind

Ronny ist ein Zirkuskind. Seit er denken kann, reist seine
Familie mit dem Zirkus Barumba überall in Deutschland und
Österreich herum. Eine Woche lang bleiben sie meist an einem
Ort, dann geht es weiter.
Doch Ronny hat Glück: Der Zirkus ist groß und deshalb hat
Ronny immer eine Menge Spielkameraden. Zehn andere
Kinder gibt es noch, das Baby der Familie Ginelli nicht mit-
gerechnet. Es gibt sogar einen richtigen Schulwagen mit einer
richtigen Lehrerin. Sie heißt Tina und reist nun schon fast ein
Jahr mit dem Zirkus mit. So müssen die Kinder nicht ständig
die Schule wechseln und lernen Lesen und Schreiben und
Rechnen und was man sonst noch so alles in der Schule lernt.

Die Kinder lieben Tina sehr. Denn Tina hat viel mehr Zeit für sie als die anderen Erwachsenen im Zirkus. Die müssen nämlich immer proben oder die Tiere versorgen oder ihre Kostüme in Ordnung bringen. Und dann muss das Zelt ja jedes Mal auf- und abgebaut werden. Klar, dass Ronny sich schon riesig darauf freut, wenn er im Herbst auch mit der Schule beginnt.

Ronnys Papa macht eine Pferdedressur. Acht schneeweiße Araberpferde gehören ihm. Er hat sie alle schon ganz jung gekauft und sie gehorchen ihm aufs Wort. Ronny liebt die acht Araber sehr, doch er darf sie selten putzen und noch viel seltener darf er auf einem von ihnen reiten.

„Sie müssen schließlich hart arbeiten", meint Papa immer. „Da haben sie auch ihre Ruhe verdient."

Ein Glück, dass es Rumpelstilzchen gibt. Rumpelstilzchen ist ein kleines Pony. Genau die richtige Größe für Ronny. Keiner weiß so genau, was das rabenschwarze Pferdchen in seinem Leben schon alles mitgemacht hat. Hans, der Clown, hat es eines Tages gekauft. Aus Mitleid. Und nun, wo Rumpelstilzchen wieder aufgepäppelt ist und sein Fell richtig schön glänzt, hat er seinen Part in Hans' Auftritt in der Manege.

Doch so richtig viel Arbeit und Beschäftigung ist das für ein junges Pony nicht, findet Hans, und so darf Ronny ihn pflegen und reiten.

Am liebsten hätte Ronny seine eigene Nummer mit Rumpelstilzchen. Doch immer, wenn er mit seinem Papa darüber sprechen möchte, wird der ganz kurz angebunden. „Dafür bist du doch noch viel zu klein. Genieße lieber dein Leben, bevor es losgeht."

„Es", das ist die Schule. Papa findet Schule nämlich ganz

wichtig. „Meine Kinder sollen auch noch andere Möglichkeiten haben", erklärt er immer wieder. Er findet, dass man nicht unbedingt beim Zirkus bleiben muss. Aber Ronny kennt ja nichts anderes und er kann sich auch gar nicht vorstellen, einmal nicht im Zirkus zu leben, mit all den verschiedenen Menschen und Tieren. Doch sosehr er auch bittet und bettelt, Papa will einfach nicht mit ihm trainieren.

„Das hat noch Zeit", sagt er.

Und so hat Ronny einen Entschluss gefasst. Er wird eben ganz allein mit Rumpelstilzchen einige Kunststücke einüben. Schließlich hat er schon oft genug gesehen, wie das geht. Erst muss man dem Tier beibringen, immer schön aufzupassen, damit es weiß, was man von ihm will. Und ihm zeigen, dass es sich immer lohnt zu tun, was der Trainer von einem verlangt. Und in ganz kleinen Schritten zum Ziel hinarbeiten.

Bevor es losgehen kann, muss Ronny noch einige Fragen klären. Wann soll er trainieren? Und was? Bald ist ihm klar: Wenn er will, dass niemand von seinem Plan erfährt, muss er ganz frühmorgens heimlich aufstehen und sich aus dem Wagen schleichen. Vor allem nach den Abendvorstellungen schlafen alle Zirkusleute ganz gern ein bisschen länger. An einige Leckerbissen für Rumpelstilzchen zu kommen, ist kein Problem. Ronny muss nur abends wie zufällig an der großen Tonne mit Apfel-, Karotten- und Brotstückchen vorbeigehen, die am Manegeneingang aufgestellt ist, und heimlich ein paar Stückchen herausholen. Das fällt sicher niemandem auf.

Nur die Sache mit dem Aufstehen, die hat so ihren Haken. Schließlich kann sich Ronny ja keinen Wecker stellen. Dann wäre im Nu die ganze Familie wach. Sie würden nicht nur wissen wollen, warum Ronny so früh aufstehen will, sondern wären auch ziemlich böse, dass er sie aus dem Schlaf gerissen hat. Also muss Ronny versuchen, von allein aufzuwachen.

Jeden Abend vor dem Einschlafen nimmt sich Ronny ganz fest vor, um sechs Uhr aufzuwachen. In der ersten Woche klappt das leider erst nach dem dritten Versuch.

Leise schlüpft Ronny in Jeans und T-Shirt, zieht sich Strümpfe und Schuhe an und schleicht aus dem Wagen.

Der ganze Zirkus liegt noch im Schlaf. Jetzt im Sommer ist es wenigstens schon hell und Ronny kann gleich beginnen. Er holt Rumpelstilzchen aus seinem Auslauf, den er mit den Eseln Jonathan und Flora teilt. Hoffentlich verraten ihn die beiden nicht mit ihrem Geschrei, wenn er ihren Freund herausholt. Ronny hat Glück. Jonathan schaut ihnen zwar sehnsüchtig hinterher, doch er gibt keinen Ton von sich.

In der Manege angekommen, übt Ronny mit seinem Pony erst einmal die grundsätzlichen Dinge, die jedes Zirkuspony können muss: brav außen herumzugehen, auf Kommando in Trab und Galopp zu wechseln und auf Zuruf anzuhalten. Das ist gar nicht so einfach, wenn man alles allein machen muss. Normalerweise hat nämlich jeder Tierdresseur noch Helfer, die ihn unterstützen, bis die Tiere kapiert haben, um was es geht. Doch Ronny ist wild entschlossen.

Bald ist die Zeit um und die beiden müssen sich beeilen, wieder zu Rumpelstilzchens Stall zu kommen, bevor Jack, der Tierpfleger, mit der Morgenfütterung beginnt.

Nach seiner ersten Übungsstunde dauert es fast eine Woche, bis Ronny wieder rechtzeitig aufwacht. Das ärgert ihn natürlich fürchterlich. So hat er eine Menge Trainingszeit verschwendet!

Doch dann hat er Glück. Sie ziehen in eine andere Stadt und dort gibt es direkt neben dem Zirkusplatz eine Kirche. Die Glocken dieser Kirche läuten jeden Morgen um sechs und so hat Ronny es viel leichter, rechtzeitig aufzustehen. Rumpelstilzchen macht schon gute Fortschritte und soll nun lernen, sich vor dem Publikum zu verbeugen. Natürlich hat Ronny überhaupt kein Publikum, doch das macht nichts. Er tut einfach so, als säßen rund um die Manege jede Menge Leute. Dann kommt ihm eine noch viel bessere Idee. Löckchen soll sein Publikum werden! Löckchen ist ihr Hund. Und sie heißt so, weil irgendwann einmal ein Pudel in ihrer Verwandtschaft gewesen sein muss. Löckchen hat nämlich ganz viele Locken. Überhaupt ist sie der lockigste Hund auf der ganzen Welt, findet Mama. Und das steht ihr sehr gut, weshalb sie auch nie geschoren wird. Nur Bürsten muss man sie jeden Tag. Das ist Ronnys Aufgabe.
Also nimmt er am nächsten Morgen Löckchen mit und setzt

sie auf einen der Stühle direkt am Manegenrand. Nun hat Rumpelstilzchen Publikum. Und vor Publikum, das weiß Ronny ganz genau, führen Zirkustiere ihre Kunststücke viel lieber auf. Löckchen versteht zwar nicht so ganz, warum sie auf diesem Stuhl sitzen soll, wenn sie doch noch gemütlich im Zirkuswagen auf ihrer Decke schnarchen könnte, doch sie ist ein gutmütiges Tier und fügt sich.

Eigentlich geht das Training nun schon recht gut voran, findet Ronny. Rumpelstilzchen verbeugt sich nach rechts und links, stellt sich mit den Vorderbeinen auf den Manegenrand, setzt sich auf Befehl aufs Hinterteil und marschiert auch brav außen herum.

Aber Ronny ist ständig kurz vor dem Einschlafen. Weil er immer so früh aufsteht, ist er mittags meist todmüde. Spätestens um drei Uhr nachmittags kann er kaum noch die Augen offen halten und so oft wie möglich verzieht er sich dann unauffällig in sein Bett.

Seine Mama wird langsam misstrauisch. Denn eigentlich hasst es Ronny, Mittagschlaf zu halten. Schließlich verpasst man in der Zeit eine Menge. Immer wieder fragt sie Ronny, warum er denn so müde sei, und langsam gehen ihm die Ausreden aus. Vielleicht sollte er doch einmal eine Pause einlegen und richtig lange ausschlafen? Auf der anderen Seite weiß Ronny nicht, ob er in der nächsten Stadt wieder so einen praktischen Wecker hat, und macht deshalb lieber weiter.

Heute Morgen hätte Ronny sich am liebsten noch einmal umgedreht und seinen Traum weitergeträumt. Im Traum hatte er nämlich schon seine Nummer im Zirkusprogramm. Rumpelstilzchen lief schön herausgeputzt mit knallrotem

Geschirr und einem Wedel auf dem Kopf durch die Manege und Ronny führte dem Publikum sein allerneuestes Kunststück vor: Auf Befehl stellt Rumpelstilzchen sich tot. Dazu muss er sich ganz flach auf den Boden legen und darf sich auch dann nicht bewegen, wenn Ronny über ihn drübersteigt.

Doch davon sind die beiden noch weit entfernt. Denn einem Pferd beizubringen, sich auf Befehl hinzulegen, ist gar nicht so einfach. Ronny gibt sich alle Mühe, doch im günstigsten Fall legt Rumpelstilzchen sich hin, weigert sich aber standhaft, „tot" zu spielen.

Knurrend rappelt Ronny sich auf, zieht sich an und nimmt sich noch einen Keks aus dem Küchenschrank.

„Rums." So ein Pech! Nun ist Ronny doch glatt eine Dose Ananas heruntergefallen. Hoffentlich hat er mit dem Lärm niemanden geweckt. Vorsichtig späht er zu Mama und Papa hinüber. Papa murmelt im Schlaf und dreht sich um. Er scheint nicht aufgewacht zu sein. Und Mama rührt sich überhaupt nicht. Leise macht sich Ronny zusammen mit Löckchen aus dem Staub.

Kurz darauf steht er mit Rumpelstilzchen in der Manege. Erst einmal lässt er ihn um sich herum traben und galoppieren, damit er sich austoben kann. Denn leider dürfen Zirkusponys nur während der Winterpause auf die Weide. Den Sommer über gibt es dazu einfach zu selten Gelegenheit.

Dann muss sich Rumpelstilzchen vor Löckchen verbeugen und sich anschließend hinlegen. Das klappt nun schon ganz gut und morgen möchte Ronny sich auf ihn setzen, wenn er wieder aufsteht. Das ist gar nicht so einfach, denn man muss sich dabei gut festhalten.

Nach dem Hinlegen lässt Ronny Rumpelstilzchen noch einmal eine Verbeugung nach links machen. Das macht er besonders gut und bekommt Applaus dafür.

Moment mal! Applaus??? Es ist doch gar niemand da, der applaudieren könnte. Hat Ronny das alles nur geträumt? Vorsichtig sieht er sich um. Und dann wird ihm klar, woher der Applaus kommt. Ganz versteckt in der Ecke sitzt Mama und schaut zu.

Ronny wird auf einmal ganz mulmig. Schließlich hat ihm Papa ganz ausdrücklich gesagt, dass er noch keine Zirkusnummer einstudieren soll. Doch Mama sieht eigentlich gar nicht böse aus. Nun kommt sie in die Manege.

„Na, du kleiner Schlingel, du musst wohl unbedingt deinen Dickkopf durchsetzen, hab ich Recht?", begrüßt sie ihren Sohn. „Deshalb bist du in letzter Zeit so müde. Ich habe mir schon Sorgen gemacht und überlegt, ob du wohl krank bist. Aber hier so ganz allein in der Manege zu üben, dafür bist du wirklich zu klein."

Ronny wird ganz kleinlaut. Will Mama ihm seine Übungs-stunden mit Rumpelstilzchen verbieten? Dabei machen sie ihre Sache doch inzwischen richtig gut.

„Ich muss mal überlegen. Irgendjemanden werden wir doch wohl finden, der dir helfen kann. Vielleicht übernehme ich das sogar."

„Du?", fragt Ronny ungläubig. „Kannst du das denn über-haupt?"

„Natürlich, mein Sohn", lacht Mama. „Bevor ich meine eigene Kunstradnummer hatte, habe ich immer mit meinem Groß-vater zusammen seine Hunde trainiert. Und so viel anders

ist das schließlich auch nicht. Vielleicht können wir ja sogar
Löckchen mit in die Nummer einbauen."
Wie auf Befehl springt Löckchen von ihrem Platz auf und
kommt zu Mama gelaufen. Gemeinsam verlassen sie die
Manege und versorgen Rumpelstilzchen. Dann gehen sie zu
ihrem Zirkuswagen zurück.
Ronny hat noch einmal eine bange Minute. Was wird Papa
sagen? Doch Mama scheint zu ahnen, was in ihm vorgeht.
„Mit Papa rede ich schon, Ronny. Der hat auch nicht immer
das gemacht, was man von ihm erwartet hat. Und was glaubst
du, wie stolz er sein wird, wenn sein Sohn eine eigene Pony-
nummer hat!"

Antonia Glickstein

Ein Ausritt zu zweit

„Mensch, du hast es ja vielleicht gut, ein eigenes Pony!",
beneidet Lisa ihre Freundin Jana. Heute, am ersten Schultag
nach den großen Ferien, haben sich die beiden Freundinnen
natürlich eine Menge zu erzählen.
Doch mit dieser Neuigkeit macht Jana eindeutig das Rennen.
Gleich zu Beginn der Sommerferien ist das neue Pony bei ihnen
eingezogen.
„Er heißt eigentlich Orinoco, aber wir nennen ihn Orry",
erklärt Jana, ganz stolze Besitzerin. „Papa hat ihn bei einem
Bekannten entdeckt, und weil Sunny, das Pony von Caroline,
endlich Gesellschaft bekommen muss und weil er mir schon
ewig versprochen hat, dass ich auch ein Pony bekomme,
wenn ich acht bin, hat er ihn gekauft."
„Wie sieht er denn aus?", möchte Lisa wissen, die eindeutig
das Gefühl hat, diesen Sommer eine Menge verpasst zu haben,
während sie mit ihrem Vater bei der Oma in Spanien war.
„Er ist dunkelbraun, wie eben ein New-Forest-Pony aussieht",
meint Jana wichtig. „Wenn du willst, kannst du ja heute Nachmittag vorbeikommen und ihn dir mal ansehen."
Das lässt sich Lisa natürlich nicht zweimal sagen. Überhaupt
ist sie immer gern bei Jana zu Besuch. Jana wohnt nämlich auf
einem ehemaligen Bauernhof. Ihre Eltern haben zwar keine
richtige Landwirtschaft, aber auf dem Hof tummeln sich einige

Hühner, zwei Hunde und eine nicht ganz bestimmbare Anzahl Katzen, eigene und Streuner, die mitgefüttert werden. Außerdem hat Jana ein eigenes Baumhaus und darf ganz allein im Wald herumstromern. Das erzählt Lisa ihren Eltern aber lieber nicht so genau, wenn sie von einem ihrer zahlreichen Nachmittage bei Jana zurückkommt.

Doch Baumhaus und Wald sind heute völlig unwichtig. Sobald Lisa zu Mittag gegessen und in Windeseile ihre Hausaufgaben erledigt hat, macht sie sich mit dem Fahrrad auf den Weg.

„Hallo, Lisa", begrüßt Janas Mutter das braunhaarige Mädchen, als sie in der Küche auftaucht. „Jana ist schon bei den Ponys. Du weißt ja, wo der Stall ist."

Schwupps ist Lisa aus dem Haus hinaus und läuft zum Stall hinüber.

Und da steht Orry. Jana hat ihn vor dem Stall angebunden und kratzt ihm gerade die Hufe aus. Lisa wird ganz seltsam bei dem Gedanken, dass Jana nun ihr eigenes Pony hat. Da kann ich noch ewig warten, denkt Lisa ein wenig traurig. Doch dann schluckt sie ihren Kummer hinunter und geht zu Orry hin. Natürlich hat sie ihm etwas mitgebracht. Eine riesige Karotte, so groß, dass sie sie sogar in drei Stücke brechen muss, damit er sie fressen kann. Dann muss sie warten, bis Jana ihn fertig geputzt hat. Denn vor lauter Besitzerstolz will Jana am liebsten alles selbst machen. Toll findet Lisa das nicht gerade, aber was will man machen.

„Wenn du willst, können wir ja ausreiten gehen", meint Jana und schwingt sich auch schon auf ihr Pony. Lisa geht nebenher. Doch dann trabt Jana an und galoppiert davon.

Lisa läuft noch ein Stückchen weiter den Weg entlang, doch

irgendwann kann sie Jana nicht mal mehr sehen. Tränen steigen ihr in die Augen.

„Klasse Freundin bist du", schreit sie wütend und rennt im Schweinsgalopp zu ihrem Fahrrad zurück. Ein Glück, dass gerade niemand auf dem Hof ist. So kann sie ihr Fahrrad schnappen und unbemerkt nach Hause radeln.

Am nächsten Morgen fürchten sich beide vor dem Wieder-sehen in der Schule. Jana kommt sogar extra ein bisschen zu spät, damit sie vor dem Unterricht nicht mit Lisa reden muss. Und Lisa würdigt sie keines Blickes, während sie ihr Heft und ihr Lesebuch aus dem Schulranzen holt. Das ist allerdings gar nicht so einfach, wenn man in fast jeder Stunde nebeneinander sitzt.

Als es zur großen Pause läutet, verdrückt sich Lisa so schnell
wie möglich und geht in eine Ecke des Schulhofs, in die Jana
sicher nicht kommen wird.
Gegen Ende des Vormittags hält Jana es nicht mehr aus.
Dass sie sich nicht gerade wie eine Freundin verhalten hat,
ist ihr inzwischen auch klar geworden. Und eigentlich hatte sie
sich schon darauf gefreut, zusammen mit Lisa Orry zu reiten
und zu pflegen.
Aber irgendwie ist ihr gestern der Gaul durchgegangen, im
wahrsten Sinne des Wortes.
Vorsichtig schiebt sie Lisa einen Brief hinüber.

Liebe Lisa,
Entschuldigung wegen gestern. Ich wollte dir nicht davon-
reiten. Du hättest doch auch noch auf Orry reiten dürfen.
Schließlich bist du meine beste Freundin. Willst du heute noch
mal kommen? Dann darfst du Orry auch putzen und die erste
Hälfte des Weges reiten. O.k.???
Jana

Misstrauisch faltet Lisa den Zettel auseinander und liest Janas
Botschaft. Dann kritzelt sie eine Antwort darunter.

Heute geht nicht, wie wär's mit morgen?
Lisa

Jana atmet erleichtert auf und nickt ihr verschwörerisch zu.
Es gibt einfach nichts Schlimmeres, als mit der besten Freundin
Streit zu haben.

Am Mittwochnachmittag kommt Lisa wieder zu Jana zu Besuch. Dieses Mal sitzt Jana noch an ihren Hausaufgaben, doch als Lisa ins Zimmer kommt, klappt sie das Heft schnell zu.

„Toll, dass du da bist! Wollen wir gleich zu den Ponys?"

Lisa nickt. Zusammen laufen sie zu Orry und holen ihn von der Weide. Und putzen und satteln ihn gemeinsam. Jana muss sich zwar ab und zu auf die Zähne beißen, wenn Lisa etwas nicht ganz so macht, wie sie es selbst gemacht hätte, aber sie hat sich heute ganz fest vorgenommen, eine gute, großzügige Freundin zu sein.

Und wirklich, als sie Orry fertig gemacht haben, lässt sie Lisa die erste Strecke des Weges reiten. Sie rennt sogar neben ihrem Pony her, damit Lisa, die noch nicht so oft geritten ist, traben kann, während Jana das Pony führt.

Lisa strahlt und ist nun gar nicht mehr so eifersüchtig auf Jana mit ihrem eigenen Pony. Und es stört sie auch nicht, dass Jana nun ein Stück vorausgaloppiert, denn sie hat versprochen, dass Lisa anschließend wieder auf Orry reiten darf.

Und so ein Ausritt zu zweit, der macht einfach viel mehr Spaß, stellen die beiden fest und beschließen, beim nächsten Mal auf jeden Fall ein Picknick mitzunehmen.

Lise Gast

Turniervorbereitungen

„Und jetzt hinein mit euch", bestimmte Stine, als die letzte
Mistkarre ausgekippt war, „jetzt wird Geschirr geputzt!"
„Ooooch!", erklang es dreistimmig. Still sitzen, Geschirr
putzen, das gefällt keinem. Stine lachte.
„Seid doch froh, dass ihr bei der Hitze nicht draußen herum-
rennen müsst. Geschirr putzen ist wichtig, vor allem vor dem

Turnier. Wir machen uns aber ein Fest daraus, passt mal auf. Denn für den Rallyeritt – man kann es auch Geschicklichkeits-reiten nennen – müssen wir uns noch ein paar Gags ausdenken. Also ich putze mit und wer will aufschreiben? Wer hat die schönste Handschrift?"

„Ich nicht", behaupteten jetzt alle drei, und so meinte Stine, es bliebe mal wieder alles auf ihr sitzen. Wie immer das Schwerste, aber das sei sie ja gewöhnt.

Vergnügt kramte sie nach Stift und Papier. Ihr war einfach nicht beizukommen.

„Was ist denn ein Rallyeritt?", fragte Erich und fuhr mit dem Schwamm den Kreuzzügel entlang, um erst einmal den Schmutz herauszubekommen, ehe er ihn neu fettete. Stine erklärte.

„Also, hört zu. Wir schreiben einen Ritt aus, bei dem es, sagen wir, zehn Haltepunkte gibt. An jedem Punkt muss eine Auf-gabe gelöst werden, und natürlich möglichst schnell und glatt, denn es wird im Ganzen nach Zeit gewertet. Am ersten Punkt meinetwegen – wir wollen mit was Leichtem anfangen – liegt ein Strickzeug und jeder Reiter muss eine Nadel abstricken. – Seid ihr im Handarbeiten auf der Höhe? Ich will es doch sehr hoffen. Dann seid ihr den Männern überlegen, die das alles auch mitmachen müssen. Also, ihr strickt eure Nadel herunter, sitzt wieder auf und reitet weiter. Nun kommt etwas, was vielleicht – ich sage: vielleicht! – die Männer besser können. Also etwa ein dickes Stück Holz spalten oder einen Stamm durchsägen. Das darf man dann zu zweit machen. Am nächsten Haltepunkt liegen Papier und Stift bereit, und jeder Reiter muss einen Vers dichten, der ein Reiterlied vervollständigt. Der erste Vers steht da, also weiß man den Rhythmus und die

Zeilenlänge. Auf, ihr faulen Köppe, strengt euch an und dichtet! Wieder an einem Haltepunkt gibt es eine Frage zu beantworten: Wie steht eine Kuh auf und wie ein Pferd? Wer es nicht weiß, muss sich erkundigen, vielleicht ist ein Haus in der Nähe, wo man fragen kann. Dadurch verliert man natürlich Zeit. (...) Denkt euch mehr aus, ich notiere!"

„So schnell geht das nicht", sagte Anja, „du hast immer Ideen, aber wir ..."

„Ihr werdet schon auch welche ausbrüten, wie ich euch kenne", sagte Stine gut gelaunt und Petra war natürlich bereits mit einem Vorschlag da.

„Ein Lied mit allen Strophen singen – oder vielleicht ein Gedicht aufsagen – oder ..."

„Aber wer kontrolliert das dann?", fragte Anja.

Stine erklärte: „An jedem Haltepunkt steht natürlich einer, der kontrolliert. Genau wie an den Hindernissen beim Springen oder beim Geländeritt."

„Ja, sonst könnte jeder sagen, er hätte gestrickt, und das stimmt gar nicht. Ich weiß noch was: Jeder muss einen Kopfstand machen oder drei Purzelbäume oder zehnmal Seilspringen. Oder ..."

„Halt, halt! So schnell kann ich gar nicht notieren", rief Stine und schrieb wie um ihr Leben, „also, Kopfstand, und wenn er wackelt, bekommt er Strafpunkte."

Jetzt wurden auch die anderen munter.

„Dreimal ohne Fehler sagen: Der Potsdamer Postkutscher putzt den Potsdamer Postkutschkasten!"

„Gut! Weiter!"

„Dreimal auf einem Bein um sein Pferd hüpfen!"

„Wunderbar. Da braucht man nichts vorzubereiten."

„Oder – aber das muss vorbereitet werden – einen Apfel mit dem Mund aus einem Eimer Wasser fischen."

„Kenn ich! Das ist schwer und man wird von oben bis unten nass."

„Wenn es heiß ist, tut das doch nur gut!"

Keiner sagte mehr, er wüsste nichts. Jedem fiel etwas ein. Stine war sehr zufrieden, als sie später das geputzte Geschirr weghängte.

„Nur, wie machen wir es, denn ihr wollt doch auch mitreiten", sagte sie und kratzte sich am Kopf, „und ihr dürft vorher ebenso wenig wissen wie die anderen, was alles verlangt wird. Genau wie beim Geländeritt, den muss man zwar abgehen, aber nicht Probe reiten. Damit es auch gerecht bleibt für die, die von weiter her zum Turnier kommen."

„Kann ich denn wirklich schon mitreiten?", fragte Anja und sah gleichzeitig hoffnungsvoll und zweifelnd zu Stine auf.

„Dir geb ich die Mädi, die ist hundertprozentig sicher", tröstete Stine, „die macht alles, du darfst sie nur nicht stören. Sie steht, wenn sie stehen soll, und geht, wenn du sie los-schickst. Nur im Maul hin und her reißen, das mag sie nicht. Aber das tust du ja sowieso nicht."

„Und ich?", fragte Erich.

„Dich können wir noch nicht einfach zu Pferd durch die Gegend schicken", sagte Stine freundlich. „Du machst mit mir alles fertig, ich brauche sowieso einen Assistenten. Du bekommst eine weiße Binde um den Arm, darauf steht: Turnier-Ordner. Aber wehe, du verrätst den Mädchen, was gefordert wird. Du musst schwören beim – beim …"

„Beim Barte des Propheten", half Petra weiter.

„Quatsch. Bei was viel Wichtigerem. Bei Bubis Sprunggelenken oder bei Sunjas Euter."

Sunja, die eine helle Stute, neigte zu Euterentzündungen, wenn sie abgefohlt hatte; sie hatten sie in den letzten Wochen behandelt und über das Schlimmste hinweggedoktert. „Das ist was viel Wichtigeres als der olle Prophetenbart."

„Gut, gut", lobte Stine. „Schwöre du bei Sunjas Euter. Ihr werdet staunen, was wir uns noch alles ausdenken, Erich und ich. Und nichts, nichts wird vorher verraten …" (…)

Schon war der Nachmittag herum. Die beiden Mädchen sahen Stine bettelnd an.

„Ruf doch zu Hause an und sag, wir kämen heute später!

Wenn wir es tun, denken die Eltern, wir wollten nur noch länger reiten, aber wenn du …"

„Und was wollt ihr sonst?", fragte Stine hinterhältig.

„Na, reiten!", platzten die beiden heraus. „Jetzt ist es doch nicht mehr so heiß."

„Und wir müssen die Pferde trainieren."

„Und uns vorbereiten auf die vielen Schikanen, die Erich sich ausdenkt."

„Und – und –", sagte Stine, lachte und ging ins Haus, um anzurufen. Sie fand ja auch: Vorbereiten muss man sich! Vorbereiten ist wichtig.

Antonia Glickstein

Svenja und Wendelin

Svenja ist eine kleine, sehr selbstbewusste Ponydame. Und seit fast einem halben Jahr gehört Svenja Pia. Natürlich ist Pia unheimlich stolz auf ihr Pony, auch wenn sie hin und wieder noch ihre liebe Mühe mit ihm hat.

Svenja allein aus dem Stall holen und putzen kann sie inzwischen schon ganz gut. Und am Führzügel zusammen mit Mama und Wendelin ausreiten – das ist eigentlich für sie beide das Tollste. Denn Ausritte liebt Svenja über alles. Und damit sie keinen Unfug mit ihrer kleinen Reiterin anstellt, nimmt Mama Svenja an die Leine. Nur wenn an den Wegrändern das Gras allzu hoch steht, dann gibt es ein Problem. Schwupps hat Svenja Pia die Zügel aus der Hand gezerrt und sich seelenruhig über das Gras hergemacht. Und Pia ist natürlich schrecklich wütend, weil Svenja wieder einmal gewonnen hat.

Aber heute dreht sich alles um Mama und ihren Wallach Wendelin. Sie wollen nämlich aufs Turnier. Doch wenn sie nur erst dort wären! Denn Wendelin weigert sich seit einer halben Stunde beharrlich, in den Anhänger zu marschieren. Alles haben sie schon ausprobiert. Bitten und Betteln, Möhrchen, Hafer, strenge Worte und weniger strenge, am kurzen Führstrick, am langen Führstrick, Wendelin stellt sich stur. Schließlich haben sie sogar Svenja wieder von der Weide in den Stall gebracht, damit Wendelin nicht neidisch auf sie ist. Doch der große Braune ist schlau. Er weiß genau, dass er arbeiten soll, während Svenja es sich gut gehen lässt.

Mama ist den Tränen nahe. Richtig verzweifelt ist sie schon und Pia wird ganz mulmig. So kennt sie ihre Mutter ja gar nicht. Wenn es um Pferde geht, ist sie eigentlich immer ganz ruhig und weiß genau, was zu tun ist.

„Am besten sagen wir die ganze Sache ab", schnieft Mama. „Das hat man davon, wenn man auf so dumme Ideen kommt." Mama musste nämlich erst mühsam überredet werden, sich fürs Turnier anzumelden.

Am liebsten würde Pia gleich mitheulen. Aber sie schluckt tapfer ihre Angst hinunter, denn sie hat Papa versprochen, heute auf keinen Fall Theater zu machen. Weil es doch Mamas erstes Turnier mit Wendelin ist und Pia deshalb eigentlich hätte zu Oma und Opa Schäfer gehen sollen. Damit Papa Mama helfen kann.

Dann hat Papa die rettende Idee.

„Wir laden Svenja mit ein, und wenn Wendelin dann hineingegangen ist, laden wir sie wieder aus und fahren schnell los!" Und siehe da, es funktioniert. Eine etwas verwunderte Svenja stapft Papa, der den Futtereimer in der Hand hält, in den Anhänger hinterher und verspeist dort genüsslich alles, was sie im Eimer vorfindet. Wendelin ziert sich noch ein wenig. Doch wenn seine kleine Freundin dort drinnen fröhlich vor sich hin futtert, kann es wohl nicht so schlimm sein. Nach wenigen Minuten steht auch Wendelin im Anhänger.

Mama strahlt schon wieder.

Nun müssen sie nur noch Svenja wieder ausladen und auf die Weide bringen, dann kann es losgehen. Nur gut, dass sie so

viel Zeit für die Fahrt zum Turnier eingeplant haben. Sonst
wären sie schon viel zu spät dran.

Doch als Papa und Pia ohne Svenja von der Weide zurück-
kommen, steht Wendelin wieder im Hof.

„Was ist denn jetzt los?", möchte Papa wissen. Er vermutet
wohl schon, dass Mama es sich doch anders überlegt hat.

Mama verdreht die Augen und seufzt.

„Ihr wart mit Svenja kaum um die Ecke verschwunden, da hat
sich Wendelin losgerissen und ist wieder aus dem Anhänger
gerannt. Sein bestes Halfter hat er dabei kaputt gemacht."

„Oje", meint Papa. „Was machen wir da bloß? Wendelin ist
heute ja eine echte Geduldsprobe!"

Pia bekommt langsam Angst, dass es nichts mehr wird mit
dem Turnier. Dabei hat sie sich so sehr darauf gefreut, mit
Papa über den Turnierplatz zu schlendern und Mama auf
Wendelin zu bewundern.

„Wir können Svenja doch einfach mitnehmen", meint Pia.

„Dann hat Wendelin Gesellschaft und ich kann sie ja halten,
während du reitest, Mama." Svenja ist nämlich ein wahrer
Entfesselungskünstler und deshalb kann man sie nicht einfach
irgendwo anbinden.

Mama schaut fragend zu Papa hinüber.

„Das könnte funktionieren", meint sie. „Aber du musst mir
versprechen, Thorsten, dass du Pia mit Svenja nicht allein lässt.
Das wäre mir bei der dickköpfigen Svenja auf einem fremden
Turnierplatz zu gefährlich."

„Na klar", meint Papa im Brustton der Überzeugung.
Normalerweise traut er Pia nämlich durchaus zu, dass sie allein
mit ihrem Pony zurechtkommt. Mama ist da viel vorsichtiger.

Also beginnt die ganze Geschichte noch einmal von vorn. Papa und Pia holen Svenja von der Weide und Wendelin bekommt sein altes Halfter angelegt, denn das schöne neue ist ja nun kaputt. Svenja stapft etwas verwirrt wieder in den Anhänger hinein und Wendelin hinterher. Erleichtert schließt Papa die Klappe des Anhängers.

Mama überprüft noch einmal, ob beide Pferde sicher angebunden sind. Dann steigen sie alle ins Auto und es kann losgehen. „Au ja", ruft Pia begeistert. „Dann kann Svenja schon mal lernen, wie man sich auf einem Turnier benimmt. Und beim nächsten Mal reite ich dann auch mit!"

Quellenverzeichnis

S. 7 Manfred Eichhorn „Niko, der Ponypfleger"; aus: Niko kann schon reiten. © Kerle Verlag, Freiburg.

S. 12 Margret Rettich „Das verlaufene Pony"; aus: Tierarzt Doktor Schimmel und Fräulein Maus. © 1980 by Loewe Verlag, Bindlach.

S. 16 Angelika Kutsch „Billi möchte gern Pferde streicheln". © bei der Autorin.

S. 24 Antonia Glickstein „Nikolaus im Pferdestall". © bei der Autorin.

S. 28 Marliese Arold „Eine Freundin für Flocke"; aus: Kleine Ponygeschichten. © ars Edition GmbH, München.

S. 30 Antonia Glickstein „Schlaues Paulchen". © bei der Autorin.

S. 34 Käthe Recheis „Sinopah und das Pony"; aus: dito. © Herder Verlag, Freiburg.

S. 41 Klaus-Peter Wolf „Tinka und der Lutscher"; aus: Leselöwen-Pferdegeschichten. © 1993 by Loewe Verlag, Bindlach.

S. 45 Antonia Glickstein „Der erste Galopp". © bei der Autorin.

S. 49 Antonia Glickstein „Auf zur Rackenmühle!"; bei der Autorin.

S. 57 Sigrid Heuck „Die Ponyquadrille"; aus: Tinka auf dem Ponyhof. © bei der Autorin.

S. 63 Sigrid Heuck „Die Aufführung". Dito.

S. 70 Antonia Glickstein „Eine Fohlengeburt". © bei der Autorin.

S. 73 Lise Gast „Großer Spaß mit kleinen Pferden"; aus: Anja, Petra und die Pferde. © 1997 by Loewe Verlag, Bindlach.

S. 81 Antonia Glickstein „Ronny, das Zirkuskind". © bei der Autorin.

S. 90 Antonia Glickstein „Ein Ausritt zu zweit". © bei der Autorin.

S. 95 Lise Gast „Turniervorbereitungen"; aus: Anja, Petra und die Pferde. © 1997 by Loewe Verlag, Bindlach.

S. 101 Antonia Glickstein „Svenja und Wendelin". © bei der Autorin.